本书获得上海市政府决策咨询研究课题《国内球城市的影响》(课题编号：2015−S−07)、《上海选择与发展战略》(课题编号：2015−YJ−C05)

U0600551

城市发展、城市竞合与上海全球城市建设

ChengShi FaZhan ChengShi JingHe Yu
ShangHai QuanQiu ChengShi JianShe

刘江会 朱敏 著

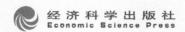

经济科学出版社
Economic Science Press

前　言

　　未来 30 年，上海市建设成为全球城市不仅是上海市的发展目标，也是重大国家战略。从影响上海市建设全球城市的国内变量来看，城市间竞合关系是一个不可忽视的因素。2014 年，中央经济工作会议提出"推进'一带一路'、'京津冀'协同发展、长江经济带建设"是中国中长期最为重要的国家战略。此外，"长三角"城市群、"京津冀"城市群、"珠三角"城市群早已成为中国经济版图中最为重要的增长重心，推动区域增长极功能进一步强化也是国家面向"十三五"的一项重要部署。受"三大城市群"发展和"三大区域战略"推进的影响，国内一些主要城市的战略地位日益提升，在全球城市网络中的"枢纽"地位越发显现。未来，国内其他主要城市的发展，将会在金融、交通、投资贸易和科技创新等多个维度给上海全球城市建设带来深刻影响。那么，面向未来 30 年，国内主要城市的战略定位如何？上海与北京、深圳等国内主要区域"龙头"城市间存在怎样的竞合关系？日益重要的国内其他区域核心城市的发展，对上海建设全球城市又会带来怎样的影响？上海应如何认识和处理好这纵横捭阖的城市间"竞合关系"？本书对这些问题进行了探索。

　　近年来，受上海市政府发展研究中心委托，我们陆续承担了《国内主要城市的发展对上海建设全球城市的影响》（课题编号2015 - S - 07）、《上海建设全球投资贸易枢纽的路径选择与发展战略》（课题编号：2015 - YJ - C05）等决策咨询课题，本书正是这些课题研究成果的一次总结。没有这些课题的资助，很难将我们在这一领域碎片化的思考整理形成系统性的研究成果呈现给大家。我们也非常感谢课题组团队成员（包括董雯、宋伟伟、吴仲、李小雅）的卓有成效的工作，本书能够付梓是团队成员共同努力的结果。同时，我们还要感谢上海师范大学重点建设学科"城市经济学"的大力支持，我们作为该学科建设的参与者从中获益良多。

本书共分七章，刘江会提出了研究思路和全书框架结构，并负责撰写了第一、三、七章，撰写过程中得到了董雯、李小雅的协助。朱敏负责撰写了第二、四、五、六章，撰写过程中得到了宋伟伟和吴仲的协助。本书在撰写过程中，还参考了国内外学者的有关著作、文章（已在参考文献和注释中一一注明），在此一并表示感谢！

上海市在迈向全球城市的道路上，还将面临各种各样的问题，这些问题为学者们提供了丰富的研究素材，我们将继续对这一研究领域倾注心力，为上海全球城市的建设尽一份绵薄之力。

刘江会、朱敏

于上海师范大学学思湖畔

2016 年 3 月

目　录

第一章

上海建设全球城市的背景、
战略机遇与挑战

第一节　上海建设全球城市的
国际背景和国内背景

2014 年 2 月 13 日，由上海市人民政府印发《关于编制上海新一轮城市总体规划的指导意见》，将上海未来的发展目标定位于"在 2020 年基本建成'四个中心'和社会主义现代化国际大都市的基础上，努力建设成为具有全球资源配置能力、较强国际竞争力和影响力的全球城市"。将其与《上海市城市总体规划（1999 ~ 2020）》这一文件相比较，会发现上海市政府对上海的定位从"现代化国际大都市"变为"全球城市"。众所周知，全球城市是重要的全球性节点城市，那么，上海建设类似伦敦、纽约等城市需要其顺应全球政治格局、经济格局的变化，并建设新的奋斗目标。

一、上海建设全球城市的国际背景

（一）全球化进程不断深化

1. 全球化的发展趋势

经济全球化已经成为当今世界经济形态的一个基本特征。进入21世纪以来，以跨国公司为主要载体，以贸易全球化、投资全球化和金融全球化为主要内容的经济全球化进程迅速发展（周振华，2014）。不断深化的经济全球化趋势使得世界各国在经济上相互联系、相互依存，不同国家之间形成了命运共同体和发展共同体，深刻地改变着世界政治经济格局。在经济全球化的同时，科技、文化和政治的全球化进程也在不断加深。全球化反映出世界政治经济内在联系的密切性和外部互动的包容性，推动了世界生产力的进步，为各国社会经济发展提供了强大的动力。此外，全球化也是塑造全球城市格局的基本动力，以跨国公司为主导推动力量的全球化，深化了具有较强综合实力的大都市在全球的战略布局，全球城市也因此扩大了在全球城市网络体系中的控制力和影响力，成为代表国家参与国际竞争的重要力量（肖林，2013）。

2. 跨国公司总部资源的布局

经济全球化趋势特征主要表现之一，在于跨国公司生产经营的全球化，跨国公司和经济组织的全球布局加速了全球化进程。近20年来，跨国公司为了争夺全球市场份额，在全球范围内开展生产经营活动，推动资本、技术和服务在世界范围内的流动，使生产和资本国际化的实现更进一步（王志彦，2015）。

目前，跨国公司总部资源的空间布局呈现出四个明显的特征：第一，跨国公司地区总部首选全球城市；第二，从发达国家向发展中国家转移；第三，从传统制造带迁往新兴产业带；第四，由城市

中心迁往城市近郊。① 根据《财富》杂志公布的 2014 年世界 500 强
公司榜单，伦敦、纽约、东京、新加坡、中国香港、上海和北京这
七座城市集中了近 30% 的世界 500 强公司总部，其中，北京以 52
家公司总部，成为全球第一大世界 500 强总部之都。世界 500 强公
司总部集聚的区域主要有四个，分别是美国、西欧、中国和日本，
而这四个区域恰恰也是全球金融中心、投资中心、贸易中心和信息
决策中心集聚的区域。

　　近年来，随着中国经济的快速发展和崛起，国际影响力不断提升，
越来越多的跨国公司在华布局地区总部或功能中心。据商务部统计数
据显示，截至 2013 年 6 月底，北京共有 133 家外资跨国公司的地区总
部，其中 87 家是世界 500 强企业。例如，美国铝业、沃尔沃汽车零部
件供应商日本电气等。从图 1.1 也可以看出，与 2008 年相比，2013 年
西方发达国家拥有的世界 500 强公司总部数量有所下降，而新兴市场经
济体的世界 500 强总部数量有明显增加，尤其是中国增幅最大。

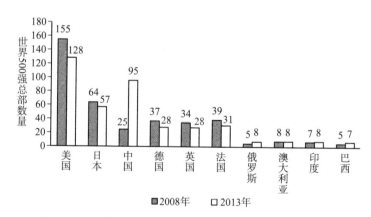

图 1.1　2008 年、2013 年各国拥有世界 500 强总部数量对比

资料来源：上海财经大学 500 强企业研究中心整理。

---

　　①　上海商务委员会.2014 上海总部经济及商务布局发展报告［M］.上海科学技术
文献出版社，2014.

（二）新一轮技术革命悄然兴起

每一次技术变革都会给人类的生产生活方式带来革命性的变化，也会对全球经济的发展产生深刻的影响。目前，世界正处于一次关键的技术变革期。其核心特征是互联网被广泛应用于人类生活的各个领域，人类社会将进入互联时代、信息时代、数据时代和智能时代。

首先，技术变革会催生新的生产方式、产业形态以及新的投资贸易理念。当前，集中式大规模的社会组织结构正在被一种扁平化、分散化、合作式的社会组织结构所取代，每一个个体都可以成为经济活动的主角，人类社会进入一个协同共享的经济发展模式。这些变化深刻地影响着人类的经济行为和组织方式，以创意产业和个性化定制为特色的新的产业形态，也将成为新的投资贸易热点。

其次，技术变革将进一步推动科学技术与经济活动的紧密结合，提高经济活动的运行效率。例如，未来，互联网、大数据以及人工智能技术将与投资贸易活动深入结合。世界银行的一项研究表明，一国互联网使用率越高，其双边贸易额越大。而对出口国或出口商而言，互联网产生的影响可能很大。一国互联网使用率如提高10%，则可使贸易额增加1.9%。

最后，在技术变革影响下，全球城市形成条件也将发生重大变化。新一代全球城市的主要形成条件或许不再只是得天独厚的地理位置、自由宽松的制度环境、完善的交通基础设施等；而是一个地区是否具备完善的信息通信基础设施，是否具备产生创意和灵感的空间环境，是否具备最低的能源成本和最通达的物流体系，是否具备高效的人工智能环境等。

（三）世界政治经济格局的深刻演变

1. 世界经济重心的东移，亚洲引领世界

从总体上看，目前全球经济复苏在不同程度上表现出较为明显

的分化，以美国为代表的西方发达国家普遍陷入经济增长低迷期，而以中国为代表的新兴经济体逐渐赶上发达国家，推动了世界经济重心从西方向东方转移。从国家的经济增长来看，自 2008 年世界金融危机以后，中国一直是世界经济增量最主要的贡献者。虽然，2015 年中国 GDP 增速下降到 6.9%，但是相比其他世界大国，这个增速并不低。而中国、印度、巴西、俄罗斯、南非是这些年经济增长速度最快的发展中国家，也是增长潜力最大的国家。从全球经济中的比重来看，据 IMF 预测，2015 年中国 GDP 总量已经达到了全球 GDP 总量的 15.5%，成为全球经济增长的重要引擎，2013～2015 年，中国对世界经济增长的贡献率平均为 26%。与此同时，发达国家占世界经济的比重逐渐降低，世界经济重心东移的趋势日益明显。随着世界经济重心东移，亚洲将引领世界发展，更多的亚洲城市将融入全球城市网络，并将催生一批新兴的全球城市，无论从地理上还是从经济上都将实现世界重心的转移与代替。来自麦肯锡全球研究院的测算充分显示了，未来全球城市经济的发展重心将从美国和西欧向亚洲转移，而中国也将是正在成长的全球城市的主要集中地。

2. 全球投资贸易规则的变化

目前，全球经济发展的一个显著特征是经济的全球化和区域化齐头并进，区域合作战略的进一步发展将重塑全球投资贸易格局。一方面，大型区域合作一体化框架的深入推进及其之间的竞合博弈，会进一步影响世界投资和贸易的发展趋势，另一方面，中国大力推进的自贸区建设、"一带一路"战略也为中国参与全球经济治理、适应和塑造国际经贸新规则赢得主动，进一步巩固和发展亚洲在世界投资贸易领域的主体地位，同时也会提高中国在世界经济格局中的话语权。除此之外，中国积极推进的"10＋3"谈判、RCEP 谈判、亚太自贸区建设、中美双边投资协定（BIT）谈判、中欧自贸区谈判，也是未来影响全球投资贸易格局的重要力量。

（1）全球投资贸易规则的发展现状

当前，全球投资贸易规则的发展变化，呈现出以下三点主要特征：第一，经济体间的投资贸易协议涉及范围广泛，跨区域特征明显，如双边投资协定、TISA、TTIP 和 TTP 等其他在订的主要国际投资贸易协议。其目的主要在于，提高协议方之间的市场质量，增强经济实力，改善成员之间的就业情况和贸易额。联合国贸易和发展会议发布的《2015 年世界投资报告》中显示，截至 2014 年年底，国际投资协议共计 3271 项协议，其中 2926 项为 BIT，约占国际投资协议总数的 90%。据统计，发展中经济体与发达经济体间的 BIT 约为总数的 2/5，发达经济体间的 BIT 是总数的 7%。同时，TISA 成员服务贸易总额是全球的 70%，约 4 万亿美元；TPP 成员 GDP 和贸易额约占全球总额的 40%；美国、欧洲两大经济体约占全球 GDP 的一半，贸易额约占全球的 30%，双边投资金额超过 3.7 万亿美元（曾凡，2015）。

第二，新订 BIT 及 TISA、TTIP、TTP 等其他在订的主要国际投资贸易协议高标准的实现，将全面达成多边经济合作机制。这不仅能健全知识产权、环保与劳工标准体系，且能够提高服务贸易和投资自由度。例如：美国新订的 BIT 将准入前国民待遇和负面清单原则纳入规则标准，对国有企业的管理更加严格，将环保与劳工权利和投资相关联。此外，TISA、TTIP 和 TTP 的侧重点又有区别。TISA 主要强调服务贸易及投资自由化，而 TTP 和 TTIP 又在该基础上涉及生产和金融领域。三者虽有不同，但在自由贸易协议上具有高度相似度，其宗旨是打破传统模式。

表1.1　世界在订主要 RAT 覆盖状况及对中国的影响（2012，%）

指标	TPP	TTIP	中日韩 FTA	RCEP	FTAAP
区内人口/世界人口	11.5	11.7	22.3	49.5	40.5
区内经济总量/世界经济总量	38.4	45.0	21.4	29.4	55.9
区内贸易/成员总贸易量	42.0	55.0	20.2	43.2	65.5
中国与区内贸易量/中国对外贸易总额	33.2	26.6	15.1	30.4	59.8

续表

指标	TPP	TTIP	中日韩 FTA	RCEP	FTAAP
中国在区内对外投资存量/ 中国对外直接投资总存量	10.0	9.1	0.9	9.1	69.7

资料来源：王金波．《国际贸易投资规则发展趋势与中国的应对》，《国际问题研究》2014 年第 2 期。

第三，美国主导的国际投资贸易协议（新订 BIT、TISA、TTIP 和 TPP 等其他在订）不包括大多数的发展中国家，中国目前也不是 TISA 和 TPP 成员。

（2）TPP 谈判达成协议及其对中国的影响

2015 年 10 月 5 日，跨太平洋伙伴关系协定（TPP）12 个谈判国（美国、加拿大、文莱、越南、马来西亚、智利、墨西哥、日本、秘鲁、澳大利亚、新西兰和新加坡）达成基本协议，12 个成员国占全球 GDP 总额的 40%、贸易额的 1/3、全球人口的 13%，一旦建成 TPP 将成为史上最大的自由贸易协定，见图 1.2。

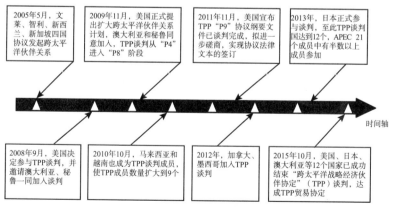

图 1.2　TPP 协议的发展历程

目前公布的《TPP 协议官方摘要》包括 30 个章节，内容涵盖

货物贸易、投资、海关管理及贸易便利化、技术性贸易壁垒、贸易
救济措施、劳工、服务、电子商务、知识产权、环境、政府采购以
及卫生与植物检疫措施。旨在确保 TPP 实现其潜力的"横向规定"
章节，包括发展、竞争力、包容性、争端解决、例外和制度性安
排。表 1.2 梳理了 TPP 协议有关贸易、金融、投资和国家争端解决
机制这四大关键领域的一些主要规定。

与现有的各类 FTA 相比，TPP 具有三大显著特点（吴润生，2015）：

一是覆盖广。从全球经济层面来看，据 IMF 测算，2014 年 TPP
成员国 GDP 占世界经济总量的 36.21%，贸易规模达到总量的
27.64%。从国家形态来看，这些国家中，既有超级大国，也有小
国；既有以传统制造业为主导产业的国家，也有以现代服务业为主
导产业的国家。

二是领域宽。TPP 协议条款超过以往任何自由贸易协定，尤其
是涉及劳工、环境、国有企业、监管一致性和透明度、反腐败等亚
太地区绝大多数 FTA 尚未涉及或较少提及的条款。同时，顺应全球
经济的发展趋势，侧重面对目前国有企业相关的问题并提高竞争力
和生产创新能力。

三是标准高。TPP 的协议内容和制定的标准，都明显高于自由
贸易协定。此外，TPP 协议有关知识产权、劳工保护、环境保护、
限制国有企业的条款，也明显高于 WTO 的水平。

表 1.2　　　　　　　　**TPP 协定的关键点及其主要规定**

主要领域	关键点	主要规定
贸易领域	TPP 要求所有协议国实现零关税	农产品：除减免税收以外，TPP 各缔约方还同意促进政策改革，包括取消农业出口补贴。 纺织和服装：TPP 各缔约方同意，免除纺织和服装业的关税，而且多数关税将即刻免除。 电子商务：TPP 缔约国禁止对电子交易征收关税，禁止 TPP 各缔约方为偏袒国内生产商或供应商而采取歧视措施或网络封锁。TPP 范围内的企业在 TPP 任一市场上开展业务，不以在当地设立数据中心为条件，也无须提交或开放软件源代码

续表

主要领域	关键点	主要规定
金融领域	TPP 要求金融业务全面开放	凡某 TPP 缔约方允许其国内公司在其境内市场开办的金融新业务，其他 TPP 缔约方的供应商也可向该 TPP 缔约方的境内市场开办同类业务。 允许 TPP 缔约方的供应商向其他 TPP 缔约方境内直接跨境销售特定金融服务，而非要求供应商必须在对方国家建立分支机构才能进行销售——但须在对方国家进行跨境金融服务供应商注册或取得授权
投资领域	TPP 各缔约方规定了非歧视性投资政策和保护措施	TPP 提供常规性基本投资保护，包括国民待遇；最惠国待遇；为符合国际法惯例的投资提供的最低待遇标准；禁止非公共目的、非合法程序、无赔偿的财产征收；禁止对企业提出"本地内容"或"技术本地化"等生产要求；投资所涉资金享受自由流转
国家争端解决机制	主权国家法律必须服从 TPP 协定精神	主权国家与本国的跨国公司产生纠纷，只能提交纽约仲裁所裁定。跨国公司有权直接起诉一国政府

资料来源：根据《TPP 协议官方摘要》整理而得。

　　由美国主导制定的高标准的 TPP 协议被认为是未来全球投资贸易规则的发展方向，是对现行 WTO 规则的升级。关于 TPP 协定达成对中国产生的影响，目前已成为广泛热议的话题，但是结论并不统一，主要分为两派观点。

　　一派观点认为，TPP 是美国为遏制中国崛起，实现"重返亚太"而采取的先发制人的战略，目的是形成一套由美国为主导的全球经济治理的新规则，这会对中国的经济发展和在全球投资贸易领域的地位带来较大的冲击和挑战。另一派观点认为，TPP 代表了未来全球投资贸易规则的发展方向，中国应主动适应，利用 TPP 的高标准来倒逼国内改革，进而以改革促发展。

　　有关 TPP 可能对中国产生的影响，目前学界引用较多的数据是彭支伟和张伯伟在 2013 年所做的估算。他们曾对 TPP 可能对中国带来的影响做过数据上的模拟，如表 1.3 所示，可以看出，TPP 对中国的进出口是有负面影响的，但是有限。假如中国成为 TPP 成员国，结果将会发生如下变化：贸易环境的自由将显著有益于进出口，主要表现在增长速度上进口将大于出口，改善贸易条件。同理，若中国是 FTAAP 成员国，进出口速度将继续增长，但贸易条件恶化。同时，彭支伟和张伯伟（2013）也测算了不同 FTA 方案对中国产业的影响（见表1.3），可以看出，TPP 会对中国的农业和制造业带来较大的负面影响，对服务业的影响较小。

表1.3　　　　　　　　　不同 FTA 方案对中国的影响

主要指标		TPP12	TPP13	FTAPP
		TPP12 个谈判国	TPP12 + 中国	APEC19 个成员①
实际 GDP（%）		− 0.14	1.21	1.86
福利（亿美元）		− 40.58	194.45	252.11
出口（%）		− 0.32	6.68	10.78
进口（%）		− 0.53	8.69	14.91
贸易条件		− 0.22	− 0.08	− 0.9
贸易平衡（亿美元）		9.63	− 57.02	− 145.58
农业	产出（%）	− 1.66	5.00	8.63
	出口（%）	− 20.22	52.10	78.76
	进口（%）	− 10.49	109.72	129.73
制造业	产出（%）	− 0.97	18.59	25.92
	出口（%）	− 9.04	102.26	169.86
	进口（%）	− 10.09	168.53	309.89
服务业	产出（%）	− 0.17	1.15	1.87
	出口（%）	0.68	− 1.68	− 1.19
	进口（%）	− 0.66	2.64	2.78

　　资料来源：彭支伟，张伯伟.《TPP 和亚太自由贸易区的经济效应及中国的对策》，《国际贸易问题》2013 年第4期。

---

　　①　由于巴布亚新几内亚和文莱的数据难以获得，模拟结果未包含这两国，因而只给出了 19 个 APEC 成员的结果。

有关 TPP 对中国的影响，目前是仁者见仁、智者见智，仍需更加严谨的研究和论证。不过可以肯定的是，无论利弊如何，中国都无法置身事外。首先，中国与 TPP 12 个成员国在经济贸易上有着紧密的联系。图 1.3 显示的是，2014 年 TPP 11 个成员国（文莱的贸易规模太小，在此样本中没有包括文莱的相关贸易数据）对中国的贸易规模。在这 11 个国家中，中国除了是美国、加拿大和墨西哥的第二大贸易伙伴外，对其他 8 个国家而言，均是第一大贸易伙伴。其次，作为崛起中的发展中大国，中国必须争取未来全球投资贸易规则的主导权，从历史经验来看，这也是大国崛起的必由之路。

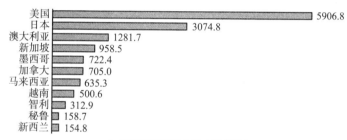

图 1.3　2014 年 TPP 成员国对中国的贸易规模

资料来源：中国商务部网站。

当前，美国正在通过加紧 TPP 和 TTIP 的谈判，来确立以美国为主导的新的全球投资贸易规则。中国也在通过积极加强多边和双边的贸易协定，打通全球投资贸易网络。目前，中国已与澳大利亚、东盟、瑞士、智利、新西兰、韩国、澳大利亚等 22 个国家（地区）达成 14 个自贸协定。而中国大力推进的自贸区建设、"一带一路"战略也为中国参与全球经济治理、适应和塑造国际经贸新规则赢得主动。除此之外，中国积极推进的"10＋3"谈判、RCEP 谈判、亚太自贸区建设、中美双边投资协定（BIT）谈判、中欧自贸区谈判，也是未来影响全球经济治理格局的重要力量。

3. 面向未来的大国发展战略

（1）主要国家的"再工业化"战略。

制造业是一个国家核心竞争力的关键。由美国政府提出来的"再工业化"战略目的是为了刺激本国的制造业。在该战略的影响下，金融危机后美国持续低迷的经济逐渐开始复苏，就业率也迅速上升；再如提出"工业4.0"的德国，目的在于用智能标准的方法掀起新的革命浪潮；日本紧接着提出"工业再兴"，希望借此战略继续增强该行业的实力。日本的机器人行业在智能化方面已具备很强的竞争力，因此大大降低了制造行业的成本。由此可见，以先进制造业为导向，重塑国家工业竞争力已经成为大国的共识。

过去30多年，中国依赖劳动力成本等比较优势，逐渐发展成为世界制造业大国。但是，随着成本优势的褪去和国际竞争环境的改变，中国也顺应科技革命的浪潮，推出"互联网+""中国制造2025"等发展先进制造业的计划，打造中国在制造业领域的竞争优势。

（2）区域合作战略。

20世纪90年代后期出现并延续至今的全球区域经济一体化发展第三次浪潮，是以自由贸易协定为基础的。据世界贸易组织（WTO）统计，20世纪90年代以来，全世界签署的自由贸易协定数量不断攀升，截至2014年1月，全球共签署双边或区域自由贸易协定583个，正在实施的自由贸易协定381个，这些自由贸易协定构成了全球相互交织的自由贸易网络。以自由贸易协定为标志的新一轮区域经济一体化发展，正深刻地影响着世界经贸和政治格局。中国提出的"一带一路"战略，牵头发起的亚洲基础设施投资银行，将会为全球提供新的投资贸易机遇，进一步巩固和发展亚洲在世界投资贸易领域的主体地位，同时，也会提高中国在世界经济格局中的话语权。而大型区域合作一体化框架的深入推进及其成员之间的竞合博弈，也会进一步影响世界政治经济格局的发展。

（3）人民币国际化战略。

从世界经济的发展历史来看，每一个全球城市的崛起都有强大的主权货币作为支撑。伦敦的崛起得益于英镑成为世界货币，而纽约的崛起得益于美元成为世界货币。目前，中国正在积极推进人民币的国际化进程，人民币作为区域贸易国际结算货币和区域外汇储备货币的市场需求已经基本形成。人民币的崛起将会对国际金融货币秩序带来深刻的改变，也将会进一步影响国际投资贸易的趋势，进一步促成新的国际投资贸易枢纽和国际金融中心的形成。

2009 年，跨境贸易人民币结算试点启动，人民币国际化正式提速。时至今日，人民币国际化已经取得了显著成果：经常项目人民币跨境结算在全国展开、人民币跨境直接投资获批、人民币离岸中心的建立、人民币互换协议扩增以及更多的人民币境外清算行设立。截至 2014 年年底，以人民币结算的贸易已占中国进出口总额的 22%。目前，人民币已经是全球第 9 大交易货币，第 5 大支付货币和第 2 大贸易融资货币；随着 2015 年人民币加入特别提款权（SDR）篮子货币，对于提高人民币在大宗商品上的定价权具有重要意义。此外，"一带一路"战略、"金砖"国家开发银行、亚洲基础设施投资银行以及丝路基金，有利于拓展人民币的境外使用范围，能够为人民币走出去提供更广泛的人民币跨境贸易融资支持，也有利于探索制定新的国际金融秩序规则。

二、上海建设全球城市的国内背景

（一）经济新常态下中国的产业升级战略

产业升级与中国的经济增长既互为动力、又相互制约。产业升级的迟滞会制约经济的持续增长，而经济增长的大起大落也不利于产业升级。经济增长阶段转换期是产业升级的关键期，选择和实施科学的产业升级路径，有利于经济增长阶段的平稳转换，实现经济增长与产业升级之间的良性循环；反之，忽视转换期产业升级的规律，选择和实施错误的产业升级路径，则会制约经济的增长，形成相互掣肘的局面，引发一系列经济社会问题（王忠宏，2015）。当前，中国正处于经济增长阶段转换的重要时期，应抓住这一机遇，在国家重要战略的带动下实现产业升级。

1. "互联网＋"战略：创新驱动新引擎

过去20年来，中国依靠巨额资本投资和劳动力成本优势取得了经济增长的奇迹。但从长期来看，这种增长方式是不可持续的。在经济"新常态"的背景下，中国的经济增长模式亟待转型，加快实现从"投资驱动、出口拉动"向"创新驱动、内需拉动"的转变。由于互联网能够在生产力、技术创新和消费等各方面为GDP增长提供新的动力，所以，未来互联网将成为推动中国经济高速、健康发展的有力推动力，将从根本上改变传统的经济发展模式。此外，互联网加快了有效市场机制的形成，加强了竞争，最具效率的企业得以更快地胜出。同时，互联网让信息更为透明，有助于优化投资决策，让资本配置更为有效。它还可以推动劳动力技能提升、提高劳动生产率；通过降低价格、让人们获取信息更为便捷，以及带来各种各样的便利，创造消费者剩余。上述转变可能会带来某些风险和冲击，但最终将有助于中国实现更加可持续的经济增长模式。

目前，互联网与产业和经济活动的融合正在日益加深。例如，网络零售业改变了零售商与消费者的接触方式，媒体公司通过数字平台发布新闻和娱乐节目，中国学生开始使用新的数字化学习工具，等等，互联网已经开始影响中国经济的方方面面。麦肯锡在全球研究院公开发布的报告《中国的数字化转型：互联网对生产力与增长的影响》一文中，评估了互联网对整体经济的影响，其选择了六个行业进行了详细的分析，分别是：汽车、消费电子、化工、房

地产、金融和医疗，如图 1.4 所示。这六个行业代表了盈利性企业
和半公共性企业、工业和服务业，以及连续生产和离散生产的组
合，据统计，2013 年，这六大产业占到中国 GDP 的约 1/4。从图
1.4 可以看出，预计到 2025 年，互联网对中国消费电子行业总体增
长的贡献度为 14%～38%；对汽车业增长的贡献度为 10%～29%，
其中 60% 来自于生产力的提高；对化工业增长的贡献度为 3%～
21%；对金融业增长的贡献度为 10%～25%；对医疗卫生行业增长
的贡献度为 2%～13%。但是，互联网对房地产行业产生的可量化
影响充满不确定性，预计到 2025 年，该行业的 GDP 增长可能因为
互联网降低 3% 或增加 6%。《中国的数字化转型：互联网对生产力
与增长的影响》还认为互联网对其他行业也有类似的影响，同时结
合金融业提升资本配置效率的作用，预计 2013～2025 年，互联网
在中国 GDP 增长中的贡献可望达到 7%～22%，这相当于每年 4 万
亿～14 万亿元人民币的年 GDP 总量。

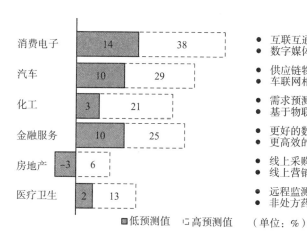

图 1.4　互联网对六大行业总体增长的贡献度（2013～2025 年）

注：图中右侧文字为互联网影响下，各行业的重点发展方向。
资料来源：麦肯锡全球研究院。

2. 抓住新一轮技术革命的机遇：产业升级新动力

新一轮技术革命为中国的产业升级和建设创新型国家提供了难得的机遇。一是有利于培育新生行业。新材料、新能源、无线宽带网络、大数据、人工机器人即将成为最活跃的行业，这一批新兴发展起来的产业会成为拉动中国经济发展的新的动力源泉；工业化与信息化进一步融合，服务业与制造业在原有的产业链上进行了聚集和重组，这也是一种新兴的产业形态，必将有力地推动经济的增长。二是能够推动创新驱动发展战略的加快实施。新材料、新能源、智能制造都以技术、创意和设计为基础，普通劳动成本占比越来越少，对土地资源的消耗也日益减少，使得创新发展驱动战略的实施成为可能，也给新的经济发展模式的形成提供了更多的可能。三是能够加快传统产业的进一步升级。传统产业的技术含量和生产效率将在转型升级中得到大幅提升。同时，还将利用新兴的生产技术来更大程度上满足新产业的市场需求。另外，在生产和制造过程中运用了先进的制造技术，给中国相关产业的快速、健康发展提供了更为强大的潜在市场（朱步楼，2013）。

目前，中国为了顺应最新一轮的技术革命的发展趋势，提出了"中国制造2025"行动计划；大力支持3D打印、人工智能、大数据、云计算、新能源等高技术产业的发展；不断加强与美国、德国等信息产业和制造业强国在前沿领域的深度合作；布局建立具有全球影响力的科技创新中心，大力发展战略性新兴产业，这些重要的国家战略为中国的产业升级提供了重要的战略支撑。

（二）经济"新常态"下的中国崛起——区域发展战略

1. "一带一路"战略

（1）"一带一路"战略规划。

"一带一路"全称是"丝绸之路经济带"和"21世纪海上丝绸之路"。"丝绸之路经济带"的重点是畅通从中国经中亚、俄罗斯至欧洲（波罗的海）；中国经由中亚、西亚至波斯湾、地中海；中国到东南亚、南亚、印度洋的陆上大通道。"21世纪海上丝绸之路"的重点方向是由中国沿海港口至南海再到印度洋，延伸到欧洲；从中国沿海的港口经过南海再到南太平洋。

"一带一路"既涉及国内区域又涉及国外区域，是国内沿线区域与国外沿线国家和地区通过现代运输方式和信息网络连接起来的相互开放的重大战略，对外开放是该战略的核心。"一带一路"既涉及陆上通道又涉及海上通道，陆路通过铁路、公路联通中国到中亚、东南亚、西亚到欧洲，形成若干条陆上大通道、大动脉。打破长期以来陆权和海权分立的格局，推动欧亚大陆与太平洋、印度洋和大西洋完全连接的陆海一体化，形成陆海统筹的经济循环和地缘空间格局。

过去30多年，中国主要是依托东部地区通过海上贸易的东向开放，"丝路经济带"则更多是考虑通过连接亚欧的陆路大通道，加大西向开放的力度。中国西部地区由过去开放的末梢变为开放的前沿，向东开放和向西开放的相对均衡化，也必将促进国内东西部地区经济协调发展。当然，也考虑到南北向与国际的货物运输、贸易往来，除了南方的海上丝绸之路，更有北方对接"草原丝绸之路"联通东北亚的蒙古国、俄罗斯等陆路通道，开辟东北地区对外开放的新局面。"一带一路"战略的实施，将会对全球经济增长、中国经济外交、国内经济结构调整和区域协调发展带来深远的影响。

（2）"一带一路"战略对国内城市定位的影响。

在"一带一路"的战略背景下，国内主要城市的功能定位与战略分工也发生了相应的改变。"一带一路"终极版地图中，圈定的省区市主要有18个，其中有陕西、新疆、宁夏、青海、甘肃、内蒙古等西北的6个省区，东北三省黑龙江、吉林和辽宁，西南三省区云南、广西和西藏，东部五省市福建、上海、浙江、广东和海南，以及重庆市。另外，这个规划中还特别强调了要重视我国港澳台地区在"一带一路"过程中的重要作用，并进一步明确了各个省区市在"一带一路"过程中的作用以及合作方向。

在这些节点城市中，沿海城市比如上海、宁波－舟山、天津、青岛、烟台、大连、福州、厦门、广州、深圳、三亚等在规划中重点突出加强港口建设。内陆地区在几大城市群（如，长江中游城市群、呼包鄂榆城市群）支撑下推动产业经济的发展，内陆城市像西安、郑州等利用人才丰富、陆港空港的优势，强化国际枢纽建设，深化合作。铁路方面，加强境内外沟通，开通中欧铁路，创造"中欧运输"品牌。同时，"海上丝绸之路"核心区重点放在福建省，新疆维吾尔自治区则被视为经济带的核心区。

（3）"国际贸易支点城市"的提出。

随着"一带一路"战略的推进，"国际贸易支点城市"的概念也随之产生，即"一带一路"沿线规模和国际贸易额较大，具备区位优势、开放特征，带有杠杆、撬动、集聚、辐射等功能，在国际贸易中具有重要地位的城市。2015年6月18日，中国人民大学重阳金融研究院在浙江义乌发布了《"一带一路"国际贸易支点城市研究报告（2015）》。《"一带一路"国际贸易支点城市研究报告（2015）》通过12大项指标，38小项指标，研究了国际贸易支点城市的评价体系，包括基础设施、能力资源、国际投资环境、国际商贸环境、产业基础、产业配套、国际贸易客观指标、跨国企业吸引力、创新研发能力、金融便利度、国际化程度以及国际吸引力，通过主成分分析法及专家打分法把"一带一路"国际贸易支点城市分为三大类：优势支点城市、潜力支点城市和战略支点城市。《"一带一路"国际贸易支点城市研究报告（2015）》显示，上海位列国际贸易支点城市第一位，北京、深圳、重庆、杭州紧随其后；在潜力城市排名方面，珠海、张家港和义乌遥遥领先，其中，江苏、张家港在县级城市中排名第一，见表1.4。

表1.4　　　　　　　　"一带一路"国际贸易支点城市

城市分类	典型城市	主要特征
优势支点城市	上海、北京、深圳	国际贸易的规模非常庞大、区域优势非常明显、贸易环境非常出色、产业结构非常完善、国际吸引力非常强
潜力支点城市	珠海、义乌、张家港	具有非常大的潜力、快速而稳定的国际贸易增速，在国际上的吸引力越来越强
战略支点城市	乌鲁木齐	地缘战略非常重要

资料来源：中国人民大学重阳金融研究院."一带一路"国际贸易支点城市研究报告（2015）。

2. "京津冀"协同发展战略

2015年4月30日，《京津冀协同发展规划纲要》通过了，[①] 推动"京津冀"协同发展是一项重大国家战略，核心是有序疏解北京非首都功能，要在"京津冀"交通一体化、生态环境保护、产业升级转移等重点领域率先取得突破。"'京津冀'协同发展战略"对北京、天津、河北三省市的发展定位做了明确部署。

北京市是"全国政治中心、文化中心、国际交往中心、科技创新中心"；天津市是"全国先进制造研发基地、北方国际航运核心区、金融创新运营示范区、改革开放先行区"；河北省是"全国现代商贸物流重要基地、产业转型升级试验区、新型城镇化与城乡统筹示范区、'京津冀'生态环境支撑区"。

在"京津冀"协同发展战略中，北京的"经济中心"职能被弱化，天津成为承接北京经济职能转移的重要地区。不过也有学者认为，北京没有被赋予"经济中心"的定位，并不代表着北京在国家经济发展中的中心城市地位被削弱。相反，无论从全球产业分

---

① http：//politics. people. com. cn/n/2015/0501/4001 – 26935006. html.

布、国家竞争力发展的客观需要，还是目前北京已经形成的国际交流及总部经济基础，北京发展成为以高端服务业为主的"经济中心"最符合国家利益，伦敦、巴黎、东京等"首都型"全球城市的发展无不如此（陆大道，2015）。

3. "长江经济带"战略

2014 年，国务院颁布《关于依托黄金水道推动长江经济带发展的指导意见》，明确将建设长江经济带提升到国家战略层面。长江经济带覆盖上海、江苏、浙江、安徽、江西、湖北、湖南、重庆、四川、云南、贵州等 11 省市，人口和生产总值均超过全国的 40%。

《关于依托黄金水道推动长江经济带发展的指导意见》指出，长江经济带的战略定位是建设成为具有全球影响力的内河经济带，充分发挥长江黄金水道的独特作用，构建现代化综合交通运输体系，推动沿江产业结构优化升级，打造世界级产业集群，培育具有国际竞争力的城市群，使长江经济带成为充分体现国家综合经济实力、积极参与国际竞争与合作的内河经济带。

（1）"长江经济带"战略的五大举措。

"长江经济带"的建设现在已经正式启动，相关文件和规划逐步出台，从这些政策制定和实施中可以看到五个方面的重大举措，这五大举措涉及区域协作、产业升级、城镇化建设、对外开放和生态文明（见表1.5）。五大举措的实施，有利于挖掘长江中上游广阔腹地蕴含的巨大内需潜力；有利于提高长江经济带沿线城市的经济运行效率，降低企业经营成本；有利于优化沿江产业结构和城镇化布局；有利于形成长江上中下游优势互补、协作互动格局；有利于建设陆海双向对外开放新走廊；有利于保护长江生态环境。

表 1.5 　　　　　　　　　　**长江经济带战略的重大举措**

	建设目标	重点措施
1	构建现代化的综合交通运输体系	国家已经发布了《长江经济带综合立体交通走廊规划》，要打造一条以长江为依托的综合性交通走廊，包括建设长江黄金水道、沿江高铁、沪昆高铁和高速公路，还包括航空运输、机场建设等
2	创新驱动促进产业转型升级	增强自主创新能力，推进信息化与产业融合发展，培育世界级产业集群，着力发展现代制造业、高技术产业和现代服务业，引导东西部产业有序转移和分工协作
3	建设现代化新型城镇体系	提升"长三角"城市群的国际影响力，培育发展长江中游城市群，促进成渝城市群一体化发展
4	建设改革开放的新高地	发挥上海对沿江开放的引领带动作用；增强云南面向西南开放重要"桥头堡"功能；发挥重庆长江经济带西部中心枢纽作用，增强对"丝绸之路"经济带的战略支撑；推动对外开放口岸和特殊区域建设；构建长江大通关体制
5	加强生态文明建设	强化长江水资源保护和合理利用，加大重点生态功能区保护力度，加强流域生态系统修复和环境综合治理，稳步提高长江流域水质，显著改善长江生态环境

资料来源：国务院．《关于依托黄金水道推动长江经济带发展的指导意见》，2014。www. gov. cn/zhengce/content/2014 – 09/25/content_9092. htm.

（2）长江经济带的三大支点。

"长三角"城市群、长江中游城市群和成渝城市群是长江经济带战略实施的重要依托。其中，"长三角"城市群包括江浙沪皖，实力最强。上海"四个中心"建设的步伐不断加快，周边城市苏州、杭州、南京的生产性服务业发展不断增强，宁波、常州、无锡等城市竞争力也不断提高。由武汉城市圈、环鄱阳湖城市群、"长株潭"城市群组成的长江中游城市群、西部经济中心的成渝城市群面积与"长三角"城市群相当，两大城市群拥有丰富的自然资源和雄厚的工业基础，已经日益成为中国新兴产业发展的重镇。2010～2015 年 6 月，四川省引进到位浙江、上海、江苏企业投资 7440 亿元，占同期全省引进到位省外资金总额的 17.4%。"长三角"成为四川引进内资的主要来源地之一。与此同时，四川企业也纷纷沿江走出四川，已有超过万家企业在上述三地投资兴业。因此，三大城市群发展格局由"长三角"城市群牵引并在成渝城市群和长江中游城市群的推动下而不断展开。三大城市群在产业升级、对外开放、环境保护方面存在着广泛的合作空间，三者之间的整合、分工，是长江经济带战略实施的必由之路。

第二节　全球城市理论的演变与未来全球城市的发展趋势

从本质上讲，全球城市是对全球的战略性资源、战略性的产业以及战略性通道的一种特殊的控制和融合，是世界文明融合与交流的多元文化中心，也是城市"硬实力"与"软实力"的统一体。回顾"全球城市"的相关理论，可以发现，虽然在不同时期、不同学者关于全球城市特征的描述略有不同，但是在一些核心特征上，学者们还是有着明显的共识。

一、全球城市理论的演变

全球城市是全球化和信息化背景下，以全球城市网络化为基础形成与发展起来的那些具有广泛的经济、政治、科技和文化交流联系，在全球经济协调与组织中扮演超越国家界限的关键角色的现代化国际大都市（周振华，2012）。

表 1.6 　　　　　　　　　　　**全球城市理论的发展史**

代表人物	时间	主要内容
哥德（Geothe） 帕特里克·格迪斯 （Patrick Geddes）	19 世纪末、 20 世纪初	1889 年，德国学者哥德第一次使用"世界城市"一词描绘当时的罗马和巴黎。 1915 年，英国城市规划大师帕特里克·格迪斯在《进化中的城市》中明确提出全球城市一词，指的是"世界最重要的商务活动绝大多数都要在其进行的城市"。
彼得·霍尔 （Peter Hall）	20 世纪 60 年代	世界城市包含如下几方面的特征：主要的"政治权力中心""金融和贸易中心""专业人才聚集中心""信息汇集和传播中心"。
斯蒂芬·海默 （Stephen Hymer）	20 世纪 70 年代	1972 年，斯蒂芬·海默开创性地在全球城市研究当中引入跨国公司作为主要因素，从而实现世界城市研究的转型。
J. 弗里德曼 （J. Friedman） G. 沃尔夫 （G. wolff） 卡斯特尔、巴滕 沃夫和赫普沃斯 （Castells、Batten、 Warf、Hepworth）	20 世纪 80 年代	弗里德曼在斯蒂芬·海默的基础之上，从国际分工的角度分析，认为新的国际劳动分工和全球经济一体化导致世界城市的产生与发展，它们是全球经济系统的神经中枢或组织节点，可以在很大程度上"指挥"和"控制"世界经济。并认为，良好的基础设施和服务是全球城市发展中的关键因素。Castells、Batten、Warf 和 Hepworth 等将技术因素考虑到全球城市的研究体系中去。
萨森（Sassen）	20 世纪 90 年代	萨森（Sassen）从微观角度认为，全球城市是经济全球化背景下跨国公司总部的聚集地。其基本特征须包含如下几方面："高度集中的世界经济控制中心""金融和服务业的主要所在地""主导产业的生产场所""产品和创新的主要市场"。并第一次阐述了纽约、伦敦和东京三大全球城市之间的竞合关系。
泰勒（Taylor）等 希尔和金 （Hill，Kim） et al.	20 世纪末 ~ 21 世纪初	将世界城市案例研究从弗里德曼（Friedmann）所强调的世界城市层次划分转到了世界城市网络的分析框架中来，并将原来假定的垂直的、并行不悖的城市阶层关系转化为"世界城市行动者"的网络关系。让世界城市体系中每位行动者发展所谓新的网络关系与空间的流动。 希尔和金（Hill，Kim）等把制度因素纳入世界城市的研究框架中来，强调了国家在世界城市建设中所扮演的重要角色。

"全球城市"的概念，从 1889 年的初次提出到现在共经历了 120 余年的时间。在这 120 余年的时间中，关于全球城市的理论研究和实践经验不断得到补充和完善，已基本形成了目前以基础设施、科技水平、区位条件、经济实力、服务业发展水平、产业结构、创新能力、网络地位、政治环境和制度状况等为考量和衡量标准的成熟理论体系。表 1.6 列出了全球城市理论的历史发展状况。

从全球城市的历史发展规律来看，特别是随着 2008 年全球经济进入"后危机时代"以后，服务业生产能力在全球城市发展中将继续保持较高的地位，同时，新兴高科技产业等也将逐渐被纳入理论体系中来；在传统的以资本和贸易为主的驱动模式下，创新能力和制度优势等具有"可持续性"的驱动发展方式将越来越重要；人才培养能力和人才吸引力将成为未来全球城市竞争的核心竞争力之一，以人为本的城市治理和城市发展理念将逐渐变得重要起来；另外，全球城市的综合实力衡量已经由点向面扩展，由之前的大都市区向更大范围的区域一体化城市群格局演变。

回顾"全球城市"的相关理论，可以发现，虽然在不同时期、不同学者关于全球城市特征的描述略有不同，但是在一些核心特征上，学者们还是有着明显的共识，表 1.7 列出了不同全球城市理论中所刻画的全球城市的主要特征。

表 1.7　　　　不同全球城市理论中全球城市的主要特征

提出时间	代表理论	"全球城市（世界城市）"的主要特征
20 世纪 60 年代后期	彼得·霍尔的世界城市理论	主要的政治权利中心；国家的贸易中心；拥有大的港口、铁路和公路枢纽以及大型国际机场等；主要金融中心；各类专业人才积聚的中心；信息汇集和传播的地方，有发达的出版业、新闻业及无线电和电视网总部；大的人口中心，而且积聚了相当比例的富裕阶层人口；娱乐业成为重要的产业部门

续表

提出时间	代表理论	"全球城市（世界城市）"的主要特征
20 世纪 80 年代后期	约翰·弗里德曼的世界城市假设	主要的国际金融中心；跨国公司总部所在地；国际性机构集中地；第三产业高度增长；主要制造业中心；世界交通的重要枢纽（尤指港口和国际航空港）；城市人口达到一定标准；人口迁移的目的地
20 世纪 90 年代	丝奇雅·萨森提出全球城市概念	跨国公司的集聚地；世界经济、金融控制中心；金融行业及高端服务业中心；以高新技术企业（创新生产）为主导的生产地；创新产品市场中心
21 世纪以来	拉夫堡大学彼得·泰勒团队提出世界城市网络概念	以先进生产性服务业分布为基础的全球城市网络中的节点城市

资料来源：根据相关文献整理而得。

二、未来全球城市的发展趋势

（一）全球城市网络化趋势不断加深

在全球化和信息化的时代潮流之下，一个以全球城市为基本节点的全球网络正在形成，全球的各种资源要素在一个网络化的世界中有序地进行流转，实现高效的利用。全球城市的基本格局也从传统的"中心—外围"式的全球城市体系向全球城市网络转变（Taylor，2011；周振华，2012；马海倩，杨波，2014）。伴随着全球化进程和信息化进程的不断加快，被纳入全球城市网络体系中的城市数量也相应增加。未来，全球城市一定是在全球城市网络中具有高度的控制力和影响力，并居于关键性节点地位的城市。

根据全球城市网络理论①,泰勒(Taylor)领导的 GaWC 研究小组创造性地利用跨国 APS 企业的全球分布特征建立了全球城市间的网络联系分析框架——嵌套网络模型,并基于该模型测算了全球城市的网络联系能级,对全球城市进行了重新排名,这一排名也被视为评估一个城市是否具有"全球性"影响力的重要标准。利用"嵌套网络模型",我们测算出了 2014 年全球城市的网络联系能级和相对网络联系能级。表 1.8 中列出的是全球城市中网络联系能级排名前十位的城市。这些城市在全球网络中起着巨大的连通作用,同时在金融、经济、文化、政治等各领域都是全球的中心,也起着重大的聚集作用,在世界城市网络中处于关键的枢纽作用。不难发现,伦敦和纽约具有最高的网络联系能级,处于全球城市的顶层(即 Alpha + + 层级),主导着全球的生产性服务业,对全球其他城市起着节点控制的作用。上海处于第二层级(即 Alpha + 层级)。2000 年以来,上海在全球城市网络联系能级中的排名越来越靠前,2000 年的时候上海在全球排 31 位,相当于 GaWC 网络城市层级划分的 Alpha - 城市,2014 年的时候上海已经跃居第 6 位,相当于 GaWC 网络城市层级划分的 Alpha + 城市(刘江会、贾高清,2014)。

表 1.8   世界城市网络联系能级排名前 10 位城市(2014 年)

城市	网络联系能级（N_a）	相对网络联系能级（P_a）	排序
伦敦	6432	1.000	1
纽约	6412	0.997	2
中国香港	5567	0.886	3

---

① 全球城市网络理论认为,全球城市是建立在全球经济层面的重要节点,而先进生产性服务业则是全球城市结节成网的基础,先进生产性服务业(APS)企业在全球布局办公点和分支机构,从而推动城市间资本、人才和信息流动,这种生产要素在城市间的流动促进了全球城市网络的形成,因此,跨国经营的 APS 企业是全球城市网络的真正缔造者。

城市	网络联系能级（N_a）	相对网络联系能级（P_a）	排序
巴黎	5555	0.864	4
新加坡	4989	0.776	5
上海	4851	0.754	6
东京	4796	0.746	7
北京	4498	0.699	8
悉尼	4494	0.699	9
米兰	4450	0.692	10

注：相对网络联系能级 P_a 介于 0~1，最高网络联系能级的城市 P_a 值等于 1。
资料来源：刘江会、贾高清．《上海离全球城市有多远？——基于城市网络联系能级的比较分析》，《城市发展研究》2014 年第 11 期。

（二）新兴经济体的城市在全球城市网络中的地位日趋上升

目前，随着世界经济中心东移，亚洲将成为引领世界发展的重要力量，更多的亚洲城市将融入全球城市网络，并将催生一批新兴全球城市。有学者指出，如果说未来 30 年经济全球化的升级是影响世界经济运行机制体制的最主要因素，那么，新兴经济体的全面崛起将是改变世界经济整体格局版图的最重要现象。一大批新兴经济体的崛起将改变世界经济的现有格局，并进而提出改变全球经济治理体系的新课题（陈恭，2015）。发展中国家尤其是以中国、印度为主的新兴市场国家，在世界经济增长格局中的影响力越来越大，日益成为全球投资的主要流向地、全球贸易的主要推动者和全球产业链的积极参与者。随着全球经济重心的转移，新兴工业化国家的主要城市在全球城市网络体系中的地位和影响力日益提升，比较有代表性的是北京、上海、深圳、孟买、班加罗尔、迪拜等城市。

（三）科技创新成为全球城市建设的主要动力

仲量联行在 37 个长、短变量的基础上，对全球 120 个城市进行了城市发展动力指数的测评，通过全方位的研究视角，甄选出全球变化最快的城市。结果显示：伦敦、圣何塞、北京、深圳以及上海 2015 年的城市发展动力远远高于其他城市，位于榜单前列，另外有六个城市也首次出现在全球城市 20 强的榜单上，分别是胡志明市（6）、墨尔本（16）、悉尼（11）、都柏林（14）、内罗毕（15）以及南京（20）。

排名全球前 20 位的城市在城市发展动力的主要趋势上产生了显著的区别，最明显的表现为科技力量强大的城市决定着该城市的发展动力指数。全球科技最先进的城市蝉联 2015 年全球城市前 20 强，主要有伦敦（1）、圣何塞（2）、波士顿（7）和旧金山（9）。悉尼（11）、班加罗尔（12）、都柏林（14）、内罗毕（15）和墨尔本（16）这五个城市，也因为其技术的不断进步而首次跻身全球城市前 20 强。可见，科技创新实力已经成为全球城市崛起的关键因素。

目前，在世界第三次工业革命背景下，各国都在抓住机遇，不断发展与技术创新相关的国家创新驱动战略。伦敦在 2004 年提出的建设科学城的战略不仅吸引了诸如谷歌、Facebook、亚马逊、思科、英特尔等知名公司的投资，并且使得伦敦的科技城实现了迅猛增长。同样，美国在 2012 年宣布要打造一个"21 世纪的城市创新集群"，并宣布要成为"全球科技创新的领袖"；而上海提出建设"全球科技创新中心"，也是未来建成全球城市的必然之举（宁越敏，2015）。

（四）世界城市群成为全球城市建设的重要依托

英国东南部城市群、欧洲西北部城市群、美国大西洋沿岸城市群、北美"五大湖"城市群、日本太平洋沿岸城市群和中国"长三角"城市群是被公认的六大世界级城市群，而目前主要的全球城市也集中分布在这几大城市群中。作为国家经济增长重心的世界级的城市群，它们可以在全球范围内配置资源，并且代表所在区域或国家进行全球性的竞争。根据美国大西洋沿岸、英国东南部等世界级城市群的发展历程可以总结出以下两点：

第一，城市发展的高级阶段必然是以大城市为核心的城市群的出现。占全美 1/6 人口的美国东北部大西洋沿岸城市群以及占日本约六成人口的太平洋沿岸城市群无不反映了城市群相对于其他地区而言更具有发展的动力（沈璐，2015）。

第二，世界级城市群有能力在全球范围内进行资源配置，并代表其所在区域或国家进行全球性的竞争。世界级城市群集政治、经济、文化功能于一身，区域内的各个城市在发展过程中相互联系，不断增强专业化分工并逐渐形成自身的特色，从而形成一个有机的整体，在世界范围内参与分工合作，北美东北部大西洋沿岸城市群可谓是这方面的佼佼者。随着信息交流和体验式经济的发展，大城市和都市圈对未来经济的带动作用将越来越强，而都市圈将成为圈内核心城市发展的重要依托。由此可见，无论是从过去的发展经验来看，还是就未来的发展趋势而言，世界城市群都是全球城市建设的重要依托。

第三节　上海建设"全球城市"面临的战略机遇与掣肘

一、面向未来 30 年上海建设"全球城市"的战略机遇

（一）上海建设"全球城市"的基础优势

1. 上海"四个中心"建设稳步推进、全球科创中心建设全面展开

国务院 2009 年 3 月通过的《关于推进上海加快发展现代服务业和先进制造业、建设国际金融中心和国际航运中心的意见》，第一次从国家层面对上海国际金融中心和航运中心建设进行了详细部署。

表 1.9   上海"四个中心"建设的重要成果及主要指标

四个中心	重要突破	主要指标
国际金融中心	◆ 金融市场规模进一步扩大，金融市场功能进一步增强 ◆ 跨境贸易人民币结算规模持续扩大 ◆ 功能性金融机构集聚能力进一步提升	股票交易额全球第四位，股票市值全球第四位，黄金现货交易连续多年保持全球第一位；上海跨境人民币结算总量超过 5000 亿元，居全国前列；外资法人银行、合资证券公司、合资基金管理公司、外资法人财产保险公司均占全国总数一半以上
国际航运中心	◆ 港口货物吞吐量世界领先，现代航运体系不断优化，外高桥港区、洋山深水港加快建设 ◆ 现代航运服务体系进一步完善，在国际航运市场上的话语权得到明显提升 ◆ 结合自贸区建设，国际航运服务政策取得新突破	上海港货物吞吐量、集装箱吞吐量持续保持全球第一；散集箱、干散货、原油等运价指数及船舶价格指数相继发布；洋山保税港区船舶登记工作取得了实质性进展
国际贸易中心	◆ 贸易总量快速增长，服务贸易表现突出 ◆ 商贸环境进一步改善 ◆ 中国（上海）自由贸易区设立	保税区商品销售额、工商税收占全国 110 个海关特殊监管区域的比重超过 50%；服务贸易占全国的比重达 1/3；"国家进口贸易促进创新示范区"正式揭牌，成为全国第一个国家级的进口贸易促进创新示范区，虹桥商务区成为国际贸易中心的新承载地
国际经济中心	◆ 产业结构进一步优化，城市服务功能增强 ◆ 城市创新能力显著提高	第三产业就业占比超过 50%，增加值占比超过 60%；R&D 经费支出占全市生产总值的比例超过 3%

资料来源：上海市政府发展研究中心.《上海市"十二五"规划纲要实施总体进展评估（2013）》。http：//gov. eastday. com/shrdgn/node5/node48/n1923/ulai54929. html.

　　加之"上海自贸区""沪港通"等重大国家政策的推动和支持，上海"四个中心"建设取得了丰硕的成果：城市综合竞争力不断提高；金融市场规模进一步扩大；跨国公司总部不断云集；对外贸易额、货物运输量持续增长，对外开放度不断加大；航运服务功能不断健全；先进制造业和生产性服务业快速发展。

上海"四个中心"建设的稳步推进，有力推进了上海作为"节点城市"在全球战略性资源配置领域中的作用和作为"枢纽城市"在全球城市网络体系中作用的发挥。在加快"四个中心"建设的基础上，2015年，上海进一步确立了建设全球科创中心的发展目标。"四个中心+全球科创中心"的城市发展战略目标的确立和实施，为上海建设全球城市奠定了重要的基础优势，而这一优势既是上海未来建成全球城市的宝贵财富，也是上海当前建设全球城市重要的战略机遇。

2. 上海在全球城市网络中的地位不断上升

2012年，美国《外交杂志》曾评选出75座2025年全球最具活力的城市，上海位列第一。2015年，著名咨询公司科尔尼通过五个方面：经济活动、人力资本、信息交流、政治参与、文化体验，衡量了84座城市的全球化参与程度，分析得出最新的2014年科尔尼全球城市指数（GCI）榜单，上海从2008年的第20位上升到2014年的第18位。而GaWC全球城市研究小组利用先进生产性服务业（APS）公司的全球分布对全球城市网络体系进行了测算，上海从2000年全球第31位，跃居到2014年全球第6位，相当于GaWC网络城市层级划分的Alpha+城市。众多事实表明，上海在全球城市网络中的地位正在不断上升，而这也是上海未来建成全球城市重要的基础优势之一。

（二）上海建设全球城市的国家战略机遇

从纽约、伦敦等全球城市发展经验看，一个城市的产业升级对该城市地位的确立、国际竞争力和影响力的提升有着重要的影响。而这些城市的产业结构变迁也呈现出两个明显的特征：一是具有高度发达的"服务经济"；二是制造业部门在经济中的作用从强调"规模"向强调"高附加值"转变。

目前，上海的第三产业占比约为62.2%（2013年），生产性服务业占第三产业比重约为 58%（2013 年），距离"两个 70%"① 的目标还有一段距离。图 1.5 反映的是，上海与主要全球城市制造业产值占比的对比。从制造业层面来看，目前，上海制造业占比约为 34%，远远高于其他全球城市，但是，上海的制造业企业在全球产业链中的价值创造能力却不占优势地位。2008 年"金融危机"后，伦敦、纽约等城市意识到制造业衰落将成为经济长远发展的重要隐患，相继出台了新的制造业发展战略。而新加坡和中国香港的发展历程，则更说明了在产业结构变迁的过程中平衡好服务业和制造业的发展是多么重要。制造业对中国香港和新加坡的腾飞都起过至关重要的作用。但是近年来，中国香港却面临着严峻的制造业空心化问题，对中国香港经济的健康发展和国际竞争力的提升带来了极大的挑战。

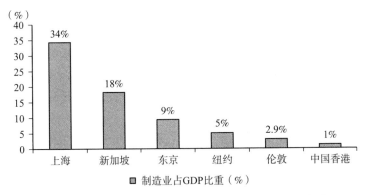

图 1.5　上海及主要"全球城市"的制造业占 GDP 比重

资料来源：2014 年《上海统计年鉴》；新加坡统计局网站（http：//www. singstat. gov. sg），江曼琦、席强敏，2012：《制造业在世界大都市发展中的地位、作用与生命力》，《南开学报（哲学社会科学版）》，第 2 期。其中，上海的数据为 2013 年数据，新加坡的数据为 2014 年数据，东京的数据为 2008 年数据，纽约的数据为 2006 年数据，伦敦的数据为 2009 年数据，中国香港的数据为 2013 年数据。

_____

① 参考公认的全球城市纽约、东京、伦敦的服务经济，其主要标志是"两个 70%"，即第三产业的比重占 GDP 的 70%，而在所有服务业贡献的 GDP 当中，生产性服务业又占服务业比重的 70%。

对于上海来说，在加快现代服务业发展的同时，如何推进制造业的转型发展，实现现代服务业与先进制造业"双擎驱动"将是一个关键问题。未来30年，随着"互联网＋""中国制造2025"等重大国家战略的实施和推进，以及新一轮技术革命和产业革命的深入发展，上海也将迎来产业结构升级调整的重要历史机遇。信息技术、人工智能技术、大数据技术的广泛应用，有助于加快上海现代服务业体系的建设；而互联网技术与传统产业的结合将进一步推进上海传统制造业向先进制造业转型。

（三）区域发展战略带给上海的机遇

1. "一带一路"战略下上海建设全球城市的机遇

一直走在中国经济发展前端的上海，其在"一带一路"发展战略中的地位是无可替代的，理应成为国家战略实施的基点和支点。上海"自贸区"建设、"4＋1"中心建设（国际经济中心、金融中心、贸易中心、航运中心和科技创新中心建设）与"一带一路"国家战略相辅相成。当前，上海经济发展面临多项经济结构调整，而这一国家战略为上海发展开放型经济提供众多机遇。

从国家战略上看，上海"4＋1"中心建设尤其是"国际贸易中心建设"，与"一带一路"战略密切相关。占上海对外贸易总额23%的"一带一路"沿线地区与上海的贸易互补程度比较高，上海致力于成为全球投资贸易的核心节点城市，有很多潜力可以挖掘。对陆上"丝绸之路"来说，上海往北至连云港，可以直通新欧亚大陆桥；对海上"丝绸之路"来说，上海也是全球性的港口城市。在"一带一路"战略下，上海可以从以下三点来加强国际贸易中心建设：第一，加快沿线的贸易网络构筑；第二，建设便于与沿线国家和地区特别是沿线亚太地区之间贸易的"投资贸易标准"，加强贸易联系；第三，发现并筛选一批"一带一路"相关的投资贸易机构，在此基础上加强与沿线国家和地区之间的联系，建立战略经贸关系。

从地理位置上看，上海的地理位置决定了其"联通内外"的战略地位。上海作为东部沿海重要城市，地处"丝绸之路经济带"，而"21世纪海上丝绸之路"又始发于上海。这使得作为"一带"与"一路"、"内陆"与"沿海"交汇点的上海成为未来亚太自由贸易区的地缘中心。在协调"一带一路"沿线地区经济、社会协同发展的过程中，上海仍将起到不可或缺的作用。

从制度上看，上海在全国制度建设中起到模范作用。因为上海有利的地理位置，其吸引的国内投资和外资都走在前列，交通网络也便利于内陆城市，是全国的贸易枢纽。在"一带一路"建设中，上海在国际港口中也占据重要的位置，尤其是设施互通。上海拥有便捷的海陆空交通设施，它是连接亚太地区的重要接口。同时，上海拥有良好的基础设施和软硬件管理，其现代服务业处于领先地位，通过亚投行、上合组织、丝路基金等平台，为"新丝绸之路"建设提供各种便利性服务，促进与沿线国家的深入合作。

2. 长江经济带战略下上海建设全球城市的机遇

上海是长江经济带的"龙头"城市，在航运、贸易、金融中心的建设进程中，发挥了重要的辐射带动作用。因此，上海被视为国家"T"型开发战略的核心，对中国三大经济带的发展起到联动作用，同时也为"西部大开发"和"中部崛起"战略搭建了桥梁。根据长江经济带的前景规划，五年后的中国将拥有高效便利的水上、铁路和航空交通，其城际交通网涵盖东西南北。上海在这一综合目标中将发挥不可估量的作用。在铁路方面，将形成沪昆高速铁路为支撑、以上海为中心的黄金通道；同时，将增加高级航道六千公里。在航空枢纽建设方面，上海国际航空枢纽和成渝区域航空枢纽建设将形成有效的对接，打造辐射全国、连通世界的航空网络。长江经济带的建设将进一步推动"长三角"都市圈率先发展，并实现"长三角"与内陆沿江地区的联动发展，为上海建设全球城市提供广阔的腹地支撑。

3. "京津冀"协同发展战略对上海建设全球城市的机遇

自 2000 年以来，上海和北京一直是世界城市网络联系度增长最快的两个城市（Derudder et al.，2010）。关于上海与北京究竟谁应该成为中国的"龙头"城市，也受到了学者的广泛关注。在沙希德·尤素福等（2012）撰写的世界银行研究报告《两个龙头——给北京和上海的发展建议》中就指出，北京和上海各具优势，它们是中国的两座"龙头城市"，未来都有希望建设成为"全球城市"。然而，在国家战略层面，一直以来对北京和上海的定位都不太清晰。此外，"京津冀"协同发展战略也提出打造以北京和天津为核心的世界级都市圈，为北京建设全球城市提供腹地支撑。在"'京津冀'协同发展战略"和"长江经济带战略"的共同推动下，未来中国将形成两个世界级都市圈，而这两个都市圈的"龙头城市"也必将成为"全球城市"。由此可见，"'京津冀'协同发展战略"的实施既是北京的机遇，也是上海的机遇，这一战略与"一带一路"战略共同奠定了中国全球城市建设的基本格局。在未来，北京和上海可能共同成为中国的全球城市，并且这两座城市在功能定位上存在高度的互补性，北京可能成为如伦敦、东京一样的"首都型"全球城市，而上海可能成为如纽约一样的全球城市。

二、面向未来 30 年上海建设全球城市的掣肘

（一）上海的跨国公司总部资源相对缺乏

全球城市是通过跨国公司在支配资源，所以一个城市拥有的跨国公司机构的数量越多，它在全球城市网络中的联系能级越高，对全球经济的影响力也就越大。《财富》世界 500 强排行榜显示，2014 年上海有 8 家 500 强跨国公司总部，而北京有 52 家，东京有 43 家，纽约有 18 家，伦敦有 17 家。根据上海的总部经济认定标准，截至 2013 年年底，累计落户上海的跨国公司地区总部达到 445

家，这一数据与亚太地区的中国香港和新加坡相比也有一定的差距（刘江会，贾高清，2014）。所以，跨国公司的总部资源积聚度不高，尤其是本土跨国公司数量太少，是上海未来建设全球城市面临的一大重要挑战（见图1.6、表1.8）。

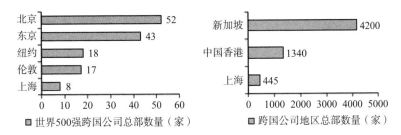

图1.6　上海与主要全球城市跨国公司总部和地区总部数量比较

资料来源：上海的数据来自 http://www.yicai.com/news/2014/07/3992903.html。中国香港和新加坡的数据源于：彭羽，沈玉良.《上海、中国香港、新加坡吸引跨国公司地区总部的综合环境比较》，《国际商务研究》，2012年第4期。

（二）上海的国际高端资源流量相对不足

顶级全球城市具有巨大的国际高端资源流量与交易，是全球资源配置网络中的主要节点，因此在全球城市网络中联系能级也最高。以国际高端资源最集中的金融业为例，纽约、伦敦在时间上相互连接形成了全球最大的金融循环网，它们作为金融业的全球服务中心占据了全球经济的战略性地位，理所应当地吸引决策中心和管理控制中心集聚于此。数据显示，上海在金融市场国际化方面与伦敦、纽约还有较大差距，比如2009年时，纽约外资银行的金融资产占整个金融资产的70%左右，而上海的比重只有20%。[①] 高端国际资源的另一个重要指标是吸纳外籍人才的数量，纽约的海外人口

①　数据来源于"瞭望东方周刊"，http://news.sina.com.cn/c/sd/2009-06-01/124317927022_6.html.

占到 37%，伦敦占 24%，东京超过 3%，而上海只有 0.7%（刘江会，贾高清，2014）。① 因此，国际高端资源流量相对不足也是上海建设全球城市面临的一大重要挑战。

（三）上海为全球提供服务的能力还不足

按照卡斯特尔（Castells）的观点，全球化进程实质上是将先进生产性服务业的生产与消费中心以及它们所连带的地方社会连接到全球网络的过程，因此泰勒（Taylor）以及 GaWC 把全球城市定义为"提供全球服务的中心"。从理论上说，一个城市在全球城市网络中的联系能级越高，其为全球提供服务的能级就越强。

相对于顶级全球城市而言，上海先进生产性服务业网络联系能级较低，导致上海先进生产性服务业为全球提供服务的能力受到制约，削弱了上海在全球城市网络中的影响力。中国国内体制框架（比如，会计准则、金融监管、市场准入）与国际准则之间的矛盾制约了上海先进生产性服务业的快速发展，使得上海不能产生像毕马威（KMPG）、波士顿咨询（BGG）、世达（Skadden, Arps）、高盛（Goldman Sachs）等业务遍布全球的著名公司。这是导致上海为全球提供服务能力相对不足的重要原因（刘江会，贾高清，2014）。因此，为全球提供服务的能力相对不足是上海建设全球城市面临的一大重要挑战。

（四）上海作为首位城市的"质量"和"体量"都有待提高

全球城市基本上是一国（地区）的"首位城市"（Primary City），即一国（地区）的经济规模和人口规模最大的城市。一般而言，首位城市的"质量"越高、"体量"越大，其在全球城市网络体系中

---

① 参见第一财经：一财网．http://yicai.com/news/2014/07/3992903.html.

的影响力就越大。"人均 GDP 程度高、后工业化经济结构明显、特别是现代服务业发达"是衡量首位城市"质量"的重要标准。"经济总量规模"则是衡量"首位城市"的"体量"指标。从反映"首位城市"的"质量"指标来看，相较于纽约、伦敦、东京等"首位城市"而言，上海的人均 GDP、服务业（尤其是现代服务业）的比重都远低于这些城市，从反映"首位城市"的"体量"指标来看，上海不仅 GDP 总量要远远低于上述城市，并且 GDP 占全国的比重也远低于上述城市，伦敦的 GDP 约占英国 GDP 的17%，纽约的 GDP 占美国 GDP 的 11.5%，东京 GDP 占日本 GDP 的比例更高达35.2%，而上海的 GDP 只占全国的3.8%，近年来还呈现下降趋势。[①] 因此，上海作为"首位城市"，无论就"质量"而言，还是就"体量"而言，都还不够强、不够大。这也导致上海的经济辐射能力不够足，从而限制了上海在全球资源配置中的控制力（刘江会，贾高清，2014）。

参 考 文 献

陈恭 .《"30 年上海城市发展环境"专题研讨会综述》,《科学发展》2015 年。

刘江会，贾高清 .《上海离全球城市有多远？——基于城市网络联系能级的比较分析》,《城市发展研究》2014 年第 11 期。

陆大道 .《地缘政治参考材料》,《地理学报》2015 年第 6 期。

陆铭 .《大国发展——论中国经济的欧洲化》,《当代财经》2015 年第 6 期。

彭支伟，张伯伟 .《TPP 和亚太自由贸易区的经济效应及中国的对策》,《国际贸易问题》2013 年第 4 期。

马海倩，杨波 .《上海迈向 2040 年全球城市战略目标与功能框架研究》,《上海城市规划》2014 年第 6 期。

宁越敏 .《未来 30 年世界城市体系发展趋势与上海的地位和作用》,《科学发展》2015 年。

---

① 伦敦、纽约和东京的数据来自维基百科，中国的数据源于《中国统计年鉴》。

沙希德·优素福.《两个龙头——给北京和上海发展的建议》，新华出版社 2012 年。

王金波.《国际贸易投资规则发展趋势与中国的应对》，《国际问题研究》2014 年第 2 期。

王忠宏.《中国制造 2025 的战略突破口》，《中国金融》2015 年第 13 期。

王志彦.《经济全球化的表现、动因及其影响》，《企业改革与管理》2015 年第 6 期。

吴涧生.《TPP 的特点、影响及对策建议》，《中国发展观察》，2015 年 10 月。

肖林.《上海迈向全球城市的战略路经》，《全球化》2013 年第 2 期。

肖林.《未来 30 年上海全球科技创新中心与人才战略》，《科学发展》2015 年第 5 期。

肖林.《未来 30 年上海外部发展环境大趋势大变革大格局》，《科学发展》2015 年第 3 期。

沈璐.《城市时代、协同规划——2013 中国城市规划年会论文集（10 - 区域规划与城市经济)》，《全球视角下的上海城市定位研究》2013 年。

张幼文.《生产要素的国际流动与全球化经济的运行机制——世界经济学的分析起点与理论主线》，《世界经济研究》2014 年第 12 期。

张幼文.《未来 30 年上海发展的国际环境与上海全球城市功能建设》，《科学发展》2015 年第 76 期。

周振华.《上海迈向全球城市：战略与行动》，上海人民出版社 2012 年。

周振华.《上海未来 30 年城市发展战略目标取向》，《科学发展》2014 年第 12 期。

周振华.《上海战略研究：历史传承　时空方位》，格致出版社 2014 年。

朱步楼.《新一轮产业与技术革命的特征、挑战及其对策》，《江苏科技信息》2013 年第 3 期。

朱启贵.《第三次工业革命浪潮下的转型选择——中国经济升级版的内涵、动力与路径》，《学术前沿》2013 年第 13 期。

曾凡.《重大国际贸易投资规则变化与上海自贸试验区建设联动机制研究》，《科学发展》2015 年第 3 期。

曾凡.《自贸区要适应新变化》，《东方早报》2015 年。

Derudder, B., Taylor, P. J., Ni, P. F., de Vos, A., Hoyer, M., Hanssens, H., Huang, J., Witlox, F., Shen, W. and Yang X. 2010："Pathways of change: shifting connectivities in the world city network, 2000 - 2008", Urban Studies 47, pp1861 - 1877.

Taylor, P. J., 2014: "Go West, Young Man: Assessing the Impact of China's Western Development Strategy on Urbanization", 《2014 公共管理国际会议论文集》。

第二章

国内主要城市历史变迁、
禀赋比较与现状格局

第一节　历史维度下国内主要城市的历史变迁①

一、"长三角"都市圈主要城市历史地位的发展变迁

上海　从 1843 年开埠，于 1900 年成为中国第一大城市。之后，上海已经是中国重要的资本中心之一，1920 年，上海市成立证券物品交易所，奠定了上海成为金融中心的基础。

---

① 各个城市在历史上不同的时期有不同的名称，为简便起见，本节中统一使用各城市现在的城市名称。

表 2.1　　　　　　　　上海市近现代对外开放发展过程

发展过程	大事记
被动开放 (1843 ~ 1949 年)	1843 年 11 月，上海开埠。 1847 年，上海出口生丝和茶叶分别占全国出口的 80% 和 17.54%。上海取代广州，逐渐成为全国对外贸易的中心。 1850 年，上海港已成为亚洲第四大港。 1865 年 9 月，洋务运动，李鸿章在上海创办江南制造总局。 1894 年，上海的对外贸易占全国的 53.44%，上海确立全国对外贸易中心地位。 1920 年，上海市成立证券物品交易所，成为第二个拥有证券交易所的城市。 1927 年，银行总部开始迁移到上海，上海逐渐成为中国的金融中心。 1928 年，上海被设立为特别市，同时并入上海县、宝山县等 17 个乡县。两年后，改称上海市，并逐渐确立在中国的经济、金融、内外贸易中心和交通运输枢纽地位，成为全国最大的多功能城市。 1933 年，上海经济统计研究所调查，上海埠际贸易额占全国的 75.2%，工业资本占全国的 40%，产值占 50%，是全国最大的工商业中心。1933 年，上海对外贸易量超过亚洲的一些主要贸易港口，成为亚洲最重要的国际贸易港口之一
主动开放 (1984 年 至今)	1984 年 5 月，上海对外开放。 1986 年 8 月，虹桥经济技术开发区被批准为国家级开发区。 1989 年 9 月，上海港再次跃居世界第四大港。 1990 年 11 月，上海证券交易所正式成立。 1992 年 10 月，国务院批复设立浦东新区和外高桥保税区。 2005 年，上海港货物吞吐量居世界第一位。 2008 年，集装箱吞吐量超过香港，居世界第二。2008 年 6 月，国务院批准上海浦东新区进行综合配套改革试点。2008 年 8 月，中国人民银行上海总部正式挂牌成立。2008 年 12 月，洋山深水港开港。 2009 年 3 月，上海明确了发展先进制造业和现代服务业，并建设国际金融中心和国际航运中心的发展方针。4 月，国务院在上海等 5 市开展跨境贸易人民币结算试点。 2010 年，上海完成集装箱吞吐量 2907 万箱，首次超越新加坡，成为全球最繁忙的集装箱港口。 2013 年，上海自贸区成立。 2014 年，"长江经济带"战略获批，"沪港通"开通。2014 年，上海发展目标定位是，在 2020 年基本建成国际经济中心、国际金融中心、国际航运中心、国际贸易中心"四个中心"和全球城市

　　资料来源：根据熊月之．《上海通史》第 8 卷：《民国经济》，上海人民出版社，1999；以及根据相关公开资料整理而得。

1927 年，沪宁地区成为新的经济中心，银行总部开始迁移到上海，上海逐渐成为当时中国最主要的资本与商贸中心以及东亚地区的自由港。到了 20 世纪 30 年代，上海成为与伦敦、巴黎、纽约、柏林并驾齐驱的世界性大都会。

改革开放初期，上海的经济中心地位受到来自东南沿海经济特区城市的挑战，经济地位出现下滑。随着沿海城市的开放，上海经济开始腾飞。上海开放后，仅 5 年时间，上海港便成为世界第四大港。1990 年，上海证券交易所正式挂牌成立，上海金融中心的地位逐渐形成。1992 年，国务院批复设立上海市浦东新区和外高桥保税区，上海迎来腾飞的历史机遇。随后，东方明珠塔、金茂大厦、环球金融中心和上海中心大厦等的建成，标志着上海成为新的经济中心、贸易中心、航运中心和金融中心。2013 年，上海自贸区的成立和 2014 年"长江经济带"战略的批复，以及"沪港通"的开通，再次开启了上海市 21 世纪新一轮的历史发展机遇。

南京 1858 年开埠。1865 年，李鸿章在南京创建金陵机器局，开启了南京的近代化进程，南京逐渐成为江南地区的商业和制造业重镇。1927 年，南京的经济发展进入黄金时期。此时的南京，人才云聚、交通便利、商贸发达。但在经济和金融方面，一直都处在上海的辐射范围内，处于次级经济中心地位。

表2.2　　　　　　　　南京市近现代对外开放发展过程

发展过程	大事记
被动开放（1858～1949 年）	1858 年，南京开埠。 1864 年，太平天国运动失败。南京市传统经济遭到严重破坏。随后，李鸿章在南京创建金陵机器局，开启南京的近代化过程。

续表

发展过程	大事记
被动开放 （1858～ 1949 年）	1908 年，沪宁铁路筑成，南京与上海经济往来更加密切。 1910 年，南京市进行了为期六个月的南洋劝业会，有力促进了南京地区工商业的发展。南京逐渐成为长江中下游沿线的重要经济中心。 1928 年，南京着手开展经济建设。 1933 年，南京至浦口间的长江渡轮工程完成，实现了沪宁路与津浦路的通行，以南京和上海为核心的南北铁路和长江航运连通。
主动开放 （1978 年 至今）	1980 年 2 月，南京港对外开放。 1984 年，被批准为全国第一批历史文化名城，并被列为国家首批综合经济体制改革试点城市。 1986 年 9 月，南京市被列为金融改革试点城市，1986 年，南京港全面对外开放。 1989 年，被列为计划单列市。 2002 年 5 月，获得"全国科技进步先进城市"荣誉称号。 2011 年，南京市颁布《全国主体功能区规划》，确定建设全国重要的枢纽城市和区域性的金融中心与教育文化中心。 2014 年 8 月，青奥会在中国南京开幕。是中国首次举办的青奥会，也是中国第二次举办的奥运赛事。

　　资料来源：根据石莹，赵昊鲁.《经济现代化的制度条件——对 1927～1937 年南京政府经济建设的经济史分析》，《社会科学战线》2005 年第 5 期；李飞雪，李满春，刘永学，梁健，陈振杰.《建国以来南京城市扩展研究》，《自然资源学报》，2007 年第 22 卷第 4 期；以及根据相关公开资料整理而得。

　　新中国成立后，随着国家经济政治的变化南京在全国的经济地位也发生了变化。1968 年底，南京长江大桥建成通车，为当代南京经济的腾飞奠定了良好的物质基础。1996 年，沪宁高速建成通车，南京到上海的陆路交通更加完善，南京逐渐成为"长三角"城市圈西部的核心城市。2010 年，"皖江城市带承接产业转移"的战略方案获国务院批准，皖江地区城市开始崛起，其中，皖南地区的部分城市逐渐融入南京城市圈，南京成为连接"长三角"与长江中上游经济圈的重要节点城市。目前，南京市处于"长三角"地区城市中的次级中心城市地位和沿江经济地区重要的节点城市，具有重要的经济地位。

　　杭州　一直是中国历史上重要的经济、文化和旅游名城。1909年，沪杭铁路通车，杭州与上海的商贸联系进一步加强。1927年，杭州成为可以提供盈余财政收入省份之一的省会，杭州市虽经济较为发达，但在近代工商业发展方面已不及南京、武汉和上海等城市。

表 2.3　　　　　　　　　　　　杭州市近现代对外开放发展过程

发展过程	大事记
被动开放（1895～1949年）	1895年，杭州开放为日本通商商埠。 1906年，杭州商务总会成立。1906年，江墅铁路竣工通车，结束了杭州没有铁路的历史。 1909年，沪杭铁路通车。 1915年3月，交通银行杭州支行、杭州殖边银行、盐业银行杭州支行和杭郡典业公所等在杭州成立。1920年11月，杭州银行业同业公会设立，标志着杭州逐渐向地区性金融中心迈进。 1927年，设杭州市，从此杭州确立为市的建制。 1929年6月，西湖博览会在杭州举办，展品共14.76万件，接待国内外来宾达2000多万人次。 1934年4月，杭州国货展览会开幕。
主动开放（1978年至今）	20世纪80年代初期，杭州提出要"建设社会主义的新杭州"的口号，强调要坚持自己的特色，核心是让企业有自主权、处理好发展工业与发展旅游业关系、加快旧城改造和交通建设等一系列重大任务。 90年代初期，杭州提出了"努力把杭州建设成为经济繁荣、科教发达、社会安定、环境优美的现代化文明城市，成为长江三角洲南翼重要的经济、旅游、科技、文化中心"的奋斗目标。 1991年，仅100多人的娃哈哈食品厂兼并了国营大企业——杭州罐头食品厂，开启浙江省民营企业崛起的序幕。 1999年，马云创办了阿里巴巴网站。

发展过程	大事记
主动开放 （1978 年至今）	2003 年开始，杭州市连续五年蝉联全国民营企业 500 强的团体冠军。 2004 年杭州西湖区数字娱乐产业园被文化部确立为"国家数字娱乐产业示范基地"。杭州成为国内最重要的文化创意产业基地之一。 2006 年年底，杭州民营企业数量占全部企业的 91.8%，对全市 GDP 的贡献率达 56.6%。 2007 年，杭州市被世界银行评为"中国城市总体投资环境最佳城市"第一名。 2010 年 1 月，杭州被列为国家创新型试点城市，2010 年，杭州市获得："民营企业全国 500 强数量最多、文化创意产业发展最快、城市环境舒适度最高、投资和商业环境最佳、休闲生活环境最好和居民幸福感最强"的称号。 2014 年，杭州市在规划方案中提出：建设国际电子商务中心、国际重要的旅游休闲中心、全国文化创意中心、国家高技术产业基地和区域性金融服务中心的总体规划布局。

资料来源：根据杭州市统计局网站以及根据相关公开资料整理而得。

  1978 年改革开放以来，杭州市经济经历了迅猛的发展。1996年，经国务院批准，钱塘江南岸的萧山市和余杭市部分地区划入杭州，杭州市实现跨江发展，可利用建设用地进一步扩大，为杭州市的发展规模奠定了一定的基础。在改革开放的历史进程中，杭州市敢于开创先河和打破常规，为民营企业发展提供各种便利，地方政府的努力为杭州市赢得了"互联网奇迹"和"全国 500 强民营企业数量最多城市"等诸多称号。

  苏州 隋唐时，苏州建郡府，苏州成为当时江南最富庶的地区之一。1843 年，上海开埠后，逐渐取代苏州成为东南地区的经济中心，苏州市传统经济地位和商贸中心地位不复存在。然而，由于地利之便，处于上海经济辐射范围内，现代工商业逐渐兴起。

表 2.4　　　　　　　苏州市近现代对外开放发展历程

发展过程	大事记
被动开放 （1843～ 1949 年）	1843 年，上海开埠，苏州逐渐失去东南经济中心和商贸重镇的经济地位。由于地利之便，苏州市在上海经济的辐射下开始缓慢前行。 1895 年，《马关条约》签订，苏州开埠。 1908 年，沪宁铁路通车，苏州成为上海连接内陆的最重要城市之一。 至 1918 年，苏州市逐渐形成了以轻工业和手工业为主的地方特色经济。 1927 年，苏州市制定了《苏州工业计划设想》。自此开始，苏州市的空间形态发生了一系列变化。
主动开放 （1978 年 至今）	20 世纪 90 年代初的上海浦东开发，给长三角地区带来一次发展机遇，外资开始大量涌入苏州，苏州开始快速发展。 1992 年 11 月，国务院批准苏州市国家高新技术产业开发区和张家港保税区。 1994 年，中新合作苏州工业园区开发建设。 2004 年，苏州 GDP 居全国第五位，工业总产值居全国第二位，进出口总额居全国第三位，逐渐成为东部地区主要经济城市。 2005 年，苏州的外贸进出口总额达到 1405.89 亿美元，外贸依存度高达279%。 2007 年 4 月，苏州在高新区试运行循环经济，是在全国率先实施循环经济的国家级高新区。 2008 年 11 月，张家港保税区经国务院批准，升格转型为保税港区。2009年，昆山综合保税区批准设立。 2012 年，苏州市专利申请量和授权量均列全国大中城市第一位。2012 年，苏州独墅湖科教创新区被教育部确定为高等教育国际化示范区。 2015 年，在"对话苏州发展·2015"活动中，苏州市就"十三五"规划编制提出战略：协同上海，共同构筑"上海－苏州体系"的发展格局。并以此推动战略转型，重塑战略竞争新优势，建成"世界首位城市群"，成为全球与"长三角"连接的重要枢纽。

资料来源：根据陈泳.《近现代苏州城市形态演化研究》,《城市规划汇刊》2003 年第 11 期等；以及根据相关公开资料整理而得。

新中国成立后，在计划经济体制时期，苏州市经济发展水平并不特别出色。1978 年，改革开放后，苏州经济开始发展，特别是在1984 年上海全面开放后，苏州市经济开始迅速发展。在苏州发展的过程中，苏州市形成了依靠上海地区的辐射作用，在引进外来资本和技术的同时，由政府鼓励和引导发展。由于靠近上海的苏南地区的社会民间资本加入经济发展中，苏州地区的经济建设进步显著，曾一度形成了中国最发达的乡镇企业集聚地。在苏州发展的过程中，苏州市认为在当前市场体制、机制各方面都很不健全的时候，应加强政府干预。1994年，中国苏州市和新加坡合办的苏州市工业园区正式获国家批准成立。中国苏州市学习新加坡的"政府引导、重视规划"的大政府理念和技术，突出政府的服务意识和能力，从而成为当前苏州市经济发达的关键因素。2006年，苏州市人均国内生产总值超过一万美元大关。2009年，苏州市经济总量占江苏省的1/4，工业产量占江苏省的1/3，在外资使用上，苏州占江苏的"半壁江山"，进口贸易更是占六成以上。在工业产出上，苏州仅次于上海，在全国排第二位。2014年，重庆崛起以前，苏州市经济总量一直居中国第5位，仅次于京沪广深。然而，由于苏州市政治地位不高，产业结构层级较低，以及随着城市规模的扩大，城市病逐渐显现等使得苏州市的发展已经遇到了"瓶颈"。

宁波   1844年，宁波开埠后，开始进入近代化过程。1853年，宁波成为商贾云集之地，外海贩运业开始大规模兴起。19世纪90年代，宁波已经初步形成具有一定规模的近代商业体系。19世纪后期，在"宁波帮"时代，宁波与上海之间的商业贸易和航运逐渐成为宁波经济的主要表现形式。宁波逐渐成为上海内外贸易中十分重要的合作伙伴。20世纪初，宁波工商业进一步繁荣，先后成立了多家民办银行、证券公司和民办保险，成为地区性金融中心。

表 2.5　　　　　　　　　宁波市近现代对外开放发展过程

发展过程	大事记
被动开放 （1844～ 1949 年）	1844 年，宁波开埠。 1853 年，宁波成为商贾云集之地。 19 世纪中后期，上海和宁波间的埠际贸易额高达 1000 万海关两，宁波成为上海内外贸易中十分重要的联手伙伴。 1897 年，宁波商人创办了中国第一家商业银行——中国通商银行。 1913 年，宁波近代企业已达近 20 家，资本额超过 100 万元，宁波逐渐成为中国近代工商业的摇篮。 1914 年，沪杭甬铁路全线建成通车。 20 世纪 30 年代，宁波工商业进一步繁荣，先后成立了多家民办银行、证券公司和民办保险，成为地区性金融中心和贸易集散地
主动开放 （1979 年 至今）	1979 年 1 月，北仑港区的开发建设启动。6 月，宁波港正式对外开放。 1987 年 2 月，国务院批复决定对宁波市在国家计划中实行单列。 1989 年，国家批准宁波港为重点开发建设的国际深水中转港，宁波港迎来了历史的高速发展期。 1992 年 5 月，宁波市提出"以港兴市，以市促港"的城市发展战略思路。11 月，国务院批复设立宁波保税区。 1999 年，《宁波市城市总体规划（1995～2010）》提出，将宁波定位为"现代化国际港口城市、国家历史文化名城、'长三角'南翼经济中心"的规划思路。 2001 年，宁波港在国内港口中率先开创海关"大通关"。 2006 年，被评选为"世界五佳港口"，2006 年"宁波–舟山港"名称正式启用。 2007 年，宁波港货物吞吐量突破 3.45 亿吨，居中国港口第二位，全球排名位居第四。 2008 年 2 月 24 日，国务院正式批准设立宁波梅山保税港区。 2011 年，宁波专利申请量 47582 件，授权量 37342 件，双双跃居全省第一；在 15 个副省级城市中，仅次于深圳，排第二位。 2014 年，宁波杭州湾新区升格为国家级开发区

资料来源：根据孙善根.《宁波帮与宁波的早期现代化》，《宁波职业技术学院学报》2005 年第 12 期；史青.《宁波航运金融的发展现状与对策研究》，《大学生论文联合比对库》2013 年第 3 期；邓少华.《潮起东方铸华章》，《宁波日报》2008 年 12 月 15 日刊等；以及根据相关公开资料整理而得。

新中国成立后，在传统计划经济时代，宁波经济并没有多大起色。1979 年，宁波港正式对外开放，1984 年，国务院成立宁波经济开发协调小组并批复宁波为对外开放的沿海城市，1987 年，宁波市成为国家首批计划单列市，1989 年，宁波港被国家确定为重点开发建设的国际深水中转港。1992 年 5 月，宁波市提出"以港兴市，以市促港"的城市发展战略。1992 年，宁波设立宁波保税区，再次掀起了浙江省对外开放的又一个高潮。1999 年，宁波市被重新规划，并定位为"现代化国际港口城市、国家历史文化名城、'长三角'南翼经济中心"。2000 年，宁波港货物吞吐量破亿吨，成为中国大陆第三个亿吨港，并在 2001 年开创海关"大通关"先河。2006 年，宁波港因其港口经营的杰出表现，入围国际权威杂志——英国《集装箱国际》，成为世界五佳港口之一。2007 年，宁波港货物吞吐量破 3.45 亿吨，成为中国大陆第二大港口和全球第四大港口。因此，可以说宁波市的兴衰与宁波港的地位息息相关。直到今天，宁波港依然是"长三角"地区最重要的经济、贸易、金融和航运中心。

二、"京津冀"都市圈主要城市历史地位的发展变迁

北京　北京在历史上一直都是中国北方的重要城市。在两宋时期，北京开始作为北方政权的政治、经济和文化中心，地位逐渐超过河北省的其他城市。明清时期，北京成为全国的经济、文化和政治中心。1919 年，北京成立中国第一个成功运行的证券交易所，成为当时国内最重要的金融中心之一。1920 年，北京市商业发达、资本云集，当时共有中资银行总行 23 家，是中国当时最发达的城市之一。但 1927 年，北京的商贸资源和资本开始向上海和南京转移。1927 年，中国银行总行迁至上海，1928 年交通银行总行也迁至上海，北京逐渐失去国内最大金融中心和全国资源配置策源地的地位，同时上海和南京开始迎来发展的黄金时期。

新中国成立后，在传统计划经济体制下，"京津冀"地区人力物力不断向北京汇聚，支持首都建设，北京市成为当时国内最重要

的工商业城市之一。改革开放后，北京依托历史积淀、区位优势和特有的政治优势，积极推进城乡改革和政府职能转变，加快对外开放和国企经营管理模式改革力度，逐渐成为国内最发达城市之一。1980年，首都国际机场建成，1980年开通北京到香港特区、北京到纽约的航线，北京开启对外交往的新篇章。1990年，"亚运会"在京举行，预示着北京作为一个大都市已经初具规模，具备了相对完善的城市基础设施和城市服务系统。1993年2月20日，连接中国南北的铁路大动脉——京九铁路建设全面展开。1995年，"京津塘"高速公路通过国家验收，"京津冀"地区互通更加便捷。2001年，"股权代办转让系统"（新三板）在北京挂牌创立，使得北京市摆脱国有银行云集的尴尬金融局面，北京市的金融业发展更加健全，同时为北京未来培养大型高科技创新型企业带来机遇。2008年，北京市成功举办奥运会，再一次向全球彰显了其完善的城市服务设施。2014年10月，亚洲基础设施投资银行在京创立，进一步增强了北京市对全球经济资源和资本的配置能力。2014年，《财富网》统计资料显示，北京市已经聚集全球500强总部58家，中国500强总部106家，成为国内总部经济最发达的城市。

表2.6 北京市近现代对外开放发展过程

发展过程	大事记
被动开放（1872～1949年）	1872年，宛平商人段益三在门头沟创立通兴煤矿，被认为是北京近代工业开始的标志。 19世纪末，清政府提出"振兴实业"的口号，有志之士开始置械设厂，北京市的工商业和手工业得到了长足的发展。 1900年，"八国联军"攻入北京城，大量钱铺和银号惨遭浩劫，钱庄和银号一蹶不振，银行开始兴起。 1906年4月，京汉铁路全线正式通车。 1906年，清政府的户部银行在北京成立。1908年，户部银行改名为大清银行，1908年，清政府邮传部在北京设立交通银行。随后10余年内，北京市相继设立了10余家银行。

续表

发展过程	大事记
被动开放 (1872～ 1949 年)	1917 年，北京成立了银行公会。 1919 年，北京成立了中国第一个成功运行的证券交易所。 1928 年，官僚系统、工业和金融单位纷纷南下，北京的市面趋于萧条。
主动开放 (1978 年 至今)	1980 年，中国最大的现代化民用航空港——首都国际机场候机楼建成启用。 1982 年，北京等 24 座城市被定为中国第一批历史文化名城。 1992 年度中国城市综合实力五十强评出，北京列上海之后居第二位。 1993 年，京石高速公路、"京津塘"高速公路全线建成通车，奠定了"京津冀"一体化的基础。 1995 年 12 月，中共中央和国务院在北京召开中央经济工作会议，会议强调，今后经济工作中一定要紧紧抓住经济体制和经济增长方式转变的关键环节。 2001 年，"股权代办转让系统"（新三板）在北京挂牌创立，北京市的金融中心地位得到进一步加强。 2008 年，北京市成功举办奥运会。 2014 年 10 月，亚投行在京创立。2014 年，北京市提出建设"全国政治中心、文化中心、国际交往中心、科技创新中心"的城市战略定位。2014 年，北京市成为国内总部经济最发达的城市

　　资料来源：根据李同贺．《京津冀区域协同发展中的地方政府间合作问题研究》，《哈尔滨市委党校学报》2016 年第 1 期等；以及根据相关公开资料整理而得。

　　天津　元明时期在北京定都，天津便发展成为拱卫京城的军事重镇。1652 年，直隶总督唐执玉向清政府建言"天津直隶州，水陆通衢，五方杂处，事务繁多，办理不易，请升州为府"，从而使得天津的城市地位得到提升，为天津未来的腾飞打下坚实的基础。1860 年，天津被辟为通商口岸，1860 年，上海、烟台、天津航线开通。"洋务运动"时期，天津在崇厚、李鸿章等的经营下，兴建大量的近代工业企业，涌现出一大批的民族企业家。到 20 世纪初，天津市中街（现解放北路）被誉为"东方华尔街"，天津成为当时北方最发达的城市和工商业中心，以及中国近代第二大工业城市和金融中心，其金融辐射可达到华北和西北的纵深腹地。

　　新中国成立后，天津仍然是中国的制造业中心城市。1966年，天津脱离河北省，恢复直辖市。改革开放后，依托中国最大的人工港——天津港，天津市经济迅速起飞。1980年，天津港建成中国第一个集装箱码头。1991年，天津港设立保税区。2013年，天津港成为世界第四大港口。2006年，国务院批准天津滨海新区为全国综合配套改革试验区，使其服务环渤海、辐射"三北"、面向东北亚，并定位于天津建设成中国北部重要的开放门户、现代制造业和研发转化基地、北方国际航运中心和国际物流中心。目前，天津正努力朝着国际港口城市、北方经济中心、区域金融中心和生态城市迈进。在"京津冀"方案的统一规划下，天津市与北京市不断加强优势互补，协调发展，使得天津市在2013年超过上海，成为中国吸引 FDI 最大的城市。此外天津市高校云集，拥有各类资源、矿物和贵金属等交易所，具有发展区域金融中心的潜力。

表 2.7　　　　　　　　　　天津市近现代对外开放发展过程

发展过程	大事记
被动开放（1860 ~ 1949 年）	1860 年，天津被辟为通商口岸。 1861 年，"洋务运动"开始，天津在崇厚、李鸿章等的经营下，兴建大量的近代工业企业。 1895 年，袁世凯在小站开始编练新军。随后，天津逐渐成为北方的军事重镇和工业基地。 1908 年，北洋股票交通有限公司开业，这是天津最早的股票交易所。 1910 年，天津西站落成启用。1911 年，津浦铁路全线通车，天津市成为华北地区重要的海陆交通枢纽。 1918 年，天津证券交易会在江苏会馆设立，标志着天津成为北方重要的金融中心。 1927 年，天津的发展受到了一定的影响。之后几年，天津成为北方最重要的工业基地、贸易中心、经济中心和金融中心。

续表

发展过程	大事记
主动开放 （1979 年 至今）	1979 年，中共天津市委召开工作会议，集中讨论了把党的工作重点转移到社会主义现代化建设上来的问题。1979 年，天津市全年外贸出口突破 12 亿美元，创历史最好水平。 1980 年，天津港建成中国第一个集装箱码头。 1991 年，天津港设立保税区。 2006 年，国务院批准天津滨海新区为全国综合配套改革试验区，滨海新区成为继上海浦东之后的中国第二个改革试验新区。 2007 年，工业总量突破万亿元。其中，战略性新兴产业产值 5390 亿元，占规模以上工业比重 32.7%，天津成为中国最重要的工业基地之一。 2013 年，天津港成为世界第四大港口。"京津冀"协同发展和"一带一路"战略提出后，天津的战略定位也进一步调整为：全国先进制造研发基地、国际航运核心区、金融创新示范区和改革开放先行区。

资料来源：根据李同贺．《京津冀区域协同发展中的地方政府间合作问题研究》，《哈尔滨市委党校学报》2016 年第 1 期等；以及根据相关公开资料整理而得。

三、"珠三角"都市圈主要城市历史地位的发展变迁

广州　广州是著名的海上"丝绸之路"的起点之一。1843 年，广州开放通商，海内外商贾云集，成为连接海内外最主要的贸易港口。近代史上，广州作为中国对外交往的最前沿城市，受到西方文化思想和商品贸易冲击很大，因此最先开始了近代化进程。在 19 世纪末，广州一直引领着国内的发展，后随着清王朝被迫全面开放后，逐渐被上海超越并取代。

新中国成立后，广州市并不算特别发达，整体上落后于上海、天津和北京等城市。但是，广州作为中国对外开放的前沿口岸，从 1958 年开始，每年都会举行中国出口商品交易会。改革开放后的 1984 年，广州作为南方最接近外来资本和技术的开放城市发展迅猛，1980～2007 年，人均可支配收入增长近 37 倍。连续数十年经济规模保持国内第三大城市。1997 年，以广州为代表城市的"珠三角"地区成为中国对外贸易的最主要地区。2003 年，广州国际

会展中心投入使用，成为目前亚洲最大、世界第二的会展中心。2004 年，广州荣获 2010 年"亚运会"主办权，至此，广州市一直走在全国对外开放的前列。广州发达的对外贸易，在吸引了大量的外来资本和技术的同时，也推动着其离岸金融和在岸金融的发展，并逐渐成为华南地区最大的金融中心。但是，广州市这种以对外贸易为主的城市经济结构，易遭到外来风险的冲击。在面临 2008 年全球性金融危机时，受影响很大。综上所述，广州自从海洋文明兴起后，便一直作为中国南方沿海地区经贸最发达的城市，一直持续一千余年，目前，广州市依然是中国华南地区最重要的商贸中心、金融中心和航运中心。

表 2.8　　　　　　　　　广州市近现代对外开放发展历程

发展过程	大事记
被动开放 （1843 ~ 1949 年）	1843 年，广州开放通商。在此之前，广州一直承担着清政府对外贸易枢纽的重要角色。 1845 年，英商在广州黄埔长洲岛建立船坞，这是外资在广州创建的第一家工业企业，也是外国资本在华兴办的第一家企业。 1879 年，中国第一家火柴厂——巧明火柴厂在广州创建。1889 年，中国第一家电灯公司在广州创建。 19 世纪末，上海成为中国第一大城市，广州被上海超越。 1921 年 2 月，广州市市政厅成立，为广州建市之始。 20 世纪 20 年代，工商业虽有所发展，但由于比较优势的丧失，广州逐渐被天津、武汉等城市超越。
主动开放 （1978 年 至今）	1978 年，党的"十一届三中"全会后，在经济改革上，广州先走一步；在体制改革上搞试点，实行公司制、股份制。在对外招商引资上，引进一批大企业的新设备、新技术。 1984 年，国家开放沿海 14 座城市，广州是其中之一。1984 年 12 月，国务院批准建立广州经济技术开发区，广州市成为改革开放第一阶段快速发展的城市。 1987 年，颁布了科学技术发展战略纲要，之后又制定了《科技兴市规划》，1987 年，被列为全国五个科技体制改革试点城市，1992 年，作为科技经济体制综合配套改革试点城市。 1992 年，广州提出"15 年基本实现现代化，赶超上亚洲"四小龙"，并把广州建成现代化的大都市"的目标。

续表

发展过程	大事记
主动开放 （1978年 至今）	1994年2月25日，中央机构编制委员会决定广州的行政级别为副省级城市。1994年，广深公路通车，"珠三角"双核心格局进一步深化。 1997年12月，由广州市人民政府组织的首届中国（广州）留学人员科技交流会在广州市中国出口商品交易会会馆举行。 2003年，广州国际会展中心投入使用，成为目前亚洲最大、世界第二的会展中心。 2011年，广州提出建设国家中心城市之一、国家历史文化名城、中国重要的国际商贸中心、对外交往中心、综合交通枢纽和南方国际航运中心。

资料来源：根据剑华．《广州建城2222周年：禅与革命的往事》，《黄金时代》2008年第4期等；以及根据相关公开资料整理而得。

深圳　历史上深圳一直都是名不见经传的小城镇。改革开放前的深圳，因广九铁路而逐渐兴起，发展成一定规模的城市，但并不是国内重要的经济城市。

1979年，深圳被辟为地区一级省辖市，1980年，设置深圳经济特区，依托国家的"特殊待遇"，深圳经济开始腾飞，创造了"深圳速度"的奇迹。1988年，深圳市被辟为计划单列市。1990年12月，成立中国第二个证券交易所，深圳开始作为投资中心和金融中心出现。1992年，邓小平南方谈话肯定了深圳特区的经济发展成果和深圳模式。

2004年，深圳证券交易所中小板获准成立，深圳开始成为内地中小企业蓬勃发展的基地之一，并逐渐成为中国高科技、潜力型中小企业发展壮大的摇篮。目前，深圳市不断加强与香港特区和广州市的合作交流，经济逐步实现深度的市场化，已经成为中国第四大经济城市。此外，深圳市在产业升级和经济发展转型方面较为成功，城市环境宜居，已经成为国内创新创业的典范。2011年，深圳市举办第26届世界大学生运动会，成为继北京奥运会、上海世博会、广州亚运会后国内城市主办的第四大盛会。

表 2.9　　　　　　　　　深圳市现代对外开放发展过程

发展过程	大事记
主动开放 （1978 年 至今）	1979 年，深圳被辟为地区一级省辖市。 1980 年，深圳设经济特区，依托国家的"特殊待遇"，深圳经济开始腾飞。 2005 年，深圳成为内陆第一个没有农村建制的大城市。 2007 年，深圳人均 GDP 突破 1 万美元大关，成为国内人均 GDP 最高的城市，居民人均可支配收入居全国内地城市首位。 2009 年 5 月，为了解决辖区面积小、发展空间有限的难题，深圳市提出《深圳市综合配套改革总体方案》，将改革重心放到经济发展模式和行政管理体制改革上来。 2012 年，出口规模连续 20 年居全国内地城市首位。 2012 年，深圳提出：努力建设成为国家科技体制改革创新"试验田"、原始创新协同创新先行区、战略性新兴产业重要增长极、创新型企业孵化中心、开放创新与合作的国际枢纽、珠江三角洲地区创新驱动与科学发展的示范基地，到 2020 年建设成为具有全球影响力的科技创新中心。 2014 年，深圳 PCT 国际专利申请量占全国总量的 48.9％，连续 11 年稳居全国首位。在福布斯发布的"2014 中国大陆城市创新力"排行榜中居榜首。5 月，国务院批准深圳建设国家自主创新示范区，深圳在全国新一轮科技体制改革中赢得了主动权。

资料来源：根据相关公开资料整理而得。

四、成渝都市圈和国内其他主要城市历史地位的发展变迁

武汉　1858 年，武汉开埠通商。1889 年，张之洞执任湖广总督，在武汉推行"洋务运动"，兴实业、办教育，先后开办汉阳铁厂、湖北枪炮厂，设立织布、纺纱、缫丝、制麻四局，还创办了白沙洲造纸厂、武昌制革厂、湖北毡呢厂和湖北官砖厂等。1906 年，京汉铁路全线通车，津汉得以联通，使武汉由"中古市镇"转变为"驾乎津门，直追沪上"的近代大都市，从而奠定了武汉在全国的工商界和教育界的相对地位。20 世纪以来，武汉三镇一直是中国重要的工业基地和商贸城市。

1980 年，国务院批准武汉港为对外开放港口，发展对外贸易。1984 年，中共中央办公厅和国务院批复武汉市进行经济体制综合改

革试点。1992 年，国务院批准武汉享受沿海开放城市政策。至此，武汉市完成了由内河港口城市向"沿海城市"的转变，地方政府积极推进改革试点，不断推进对外经济合作，引进外来资本和技术，经济发展成果骄人。2000 年以后，武汉市凭借优越的地理区位和区域经济发展中心地位，开始逐渐向周围地区辐射经济影响力，武汉城市圈初具雏形。2014 年，国务院批复关于长江经济带的有关指导意见，武汉市作为长江中游最重要的港口城市之一，再次处于发展的机遇关键期。

表 2.10　　　　　　　　武汉市近现代对外开放发展过程

发展过程	大事记
被动开放 （1861 ~ 1949 年）	1861 年，汉口正式开埠，武汉开埠通商。 1889 年，张之洞执任湖广总督，在武汉推行"洋务运动"，修铁路、兴实业、办教育，先后开办汉阳铁厂、湖北枪炮厂等近代工业，开启了武汉的近代化历程，并使得武汉逐渐成为中国中部地区的工商业中心。 1927 年，三镇统一建市为"武汉"，武汉成为仅次于上海的中国内陆最繁华的国际性大都市。 1928 年，武汉成为中国高等教育最重要的基地之一。
主动开放 （1980 年 至今）	1980 年 2 月，国务院批准武汉港为对外开放港口，发展对外贸易，开放通商口岸。 1984 年 5 月，武汉市开始进行经济体制综合改革试点。10 月中央正式批准武汉市经济体制综合改革实施方案：对武汉市实行计划单列。 1991 年 3 月 18 日，国务院批准东湖新技术开发区为国家高新技术产业开发区。 1993 年 4 月，武汉被批准设立经济技术开发区，实行沿海开放城市经济技术开发区的政策。武汉经济技术开发区是中国内陆第一个经济技术开发区。 1994 年 8 月，武汉成为全国首批 18 个"优化资本结构"试点城市之一。 1997 年 4 月 16 日，武汉航空口岸（天河机场）对外国籍飞机开放通过国家验收，填补了华中地区没有国际机场的空白，成为华中地区的海、陆和航空交通枢纽。 2004 年，武汉抓住国家促进中部崛起的战略机遇，积极推进武汉城市圈建设，努力在中部地区率先崛起。 2008 年，工业总产值为 4780.33 亿元，与 1949 年相比，增长 1250.4 倍，武汉已经成为中国工业门类较齐全，工业发展相对发达的城市之一。

续表

发展过程	大事记
主动开放 （1980 年 至今）	2013 年，武汉发布了《武汉 2049 战略规划》，提出了武汉从区域中心到国家中心、再到培育世界城市的"三步走"路线图。 2014 年，长江经济带战略启动，国务院对武汉定位为全国性综合交通枢纽，武汉发展再次迎来政策机遇。

资料来源：根据赵凌云.《改革开放 30 年湖北发展的经验启示》，《学习月刊》2008 年第 21 期；郑定铨.《1978~1988 年改革开放大事记》，《经济研究参考》2008 年第 61 期；徐峰.《荆楚风云话古今》，《软件世界》2003 年第 1 期等；以及根据相关公开资料整理而得。

　　重庆　1890 年，重庆开埠。1891 年，英国、日本等商行进驻重庆大量倾销商品，使得重庆成为当时仅次于上海、天津和武汉的第四大洋货倾销地。重庆开埠后，本地民族工商业也开始发展。伴随着发达的交通和工商业，1929 年重庆建市，并形成了旧城、江南和江北这种地跨两江的格局，初步奠定了现代重庆市的城区规模。20 世纪 30 年代，重庆逐渐发展为当时长江上游的经济、文化和交通中心。

　　改革开放后，作为六大老工业基地之一的重庆市于 1980 年被定为长江沿岸对外贸易运输港口，1980 年长江大桥建成，1983 年，被辟为计划单列市，1993 年，被国务院批准成立国家级开发区——重庆经济技术开发区，1994 年，又被批准设立长江三峡经济开发区。1995 年 9 月，成渝高速公路全线通车，预示着成渝一体化进程的开始。1997 年，重庆恢复直辖市。2003 年，在政府的规划组织下，长江上游成渝经济带开始规划布局，重庆开始踏上区域经济一体化进程。2008 年金融危机之后，在全国经济下行的大背景下，重庆市在做好承接沿海地区产业转移的同时，以非凡的魄力进行顶层设计，将利用率较低的土地进行"储备"，从而实现了近年来重庆市经济增长的奇迹。2014 年，重庆市经济总量超过苏州，成为国内第五大城市。截至 2015 年 6 月，重庆市成为国内唯一保持 10% 以上经济增长的城市。

表 2. 11　　　　重庆市近现代对外开放发展过程

发展过程	大事记
被动开放 （1890 ~ 1949 年）	1890 年，重庆开埠。 1891 年，英国、日本等商行进驻重庆大量倾销商品，使得重庆成为当时仅次于上海、天津和武汉的第四大洋货倾销地。但由于受到自然地理条件的限制，重庆市工商业发展相对缓慢。 20 世纪初，随着铁路建设的发展和上海的影响，重庆开始加速现代化，并逐渐发展成为当时长江上游的政治、交通和经济中心。 1929 年，重庆建市，并形成了旧城、江南和江北这种地跨两江的格局，初步奠定了现代重庆市的城区规模。 20 世纪 30 年代，重庆市发展裹足不前。直到抗战爆发，大批企业内迁，才使得重庆进一步发展成为国内最主要的经济、文化和交通中心。
主动开放 （1978 年 至今）	1988 年，组建了以重庆为中心、辐射渝川滇黔 4 省市 18 地市的重庆经济协作区。 1994 年，成立长江三峡经济开发区。 1995 年，国家批准重庆商品交易所为全国 5 家试点期货交易所之一。 2001 年，以重庆为核心的西部大开发正式开始，重庆市发展迎来了新的历史机遇。 2007 年，重庆提出五大城市发展定位，欲将重庆建设成中国重要的中心城市之一、国家历史文化名城、长江上游地区经济中心、国家重要的现代制造业基地和西南地区综合交通枢纽。 2010 年，重庆与北京、天津、上海、广州一起，被确定为国家五大中心城市。 2011 年，国家批复《成渝经济区区域规划》，成渝经济圈开始形成。 2014 年，重庆市明确了"丝绸之路经济带的重要战略支点、长江经济带的西部中心枢纽、海上'丝绸之路'的经济腹地"的战略定位。

　　资料来源：根据李杨.《国家中心城市"正当道"》,《中国西部》2010 年第 6 期等；以及根据相关公开资料整理而得。

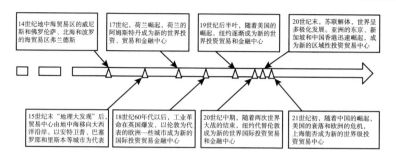

图 2.1 全球主要经济中心城市的历史变迁

综上所述，在近100多年中，中国经历的两次对外开放过程：第一次是发生在清末，并一直持续到民国时期的被动开放过程；第二次是1978年的"十一届三中"全会上提出的主动开放过程。两次对外开放过程，都是以南方沿海地区的广州首先崛起，随后被上海所超越。从历史维度看，经济中心城市一直处于不断漂移的状态，且与该城市的地理区位、经济实力和城市地位有很大关系。另外，不同时期的经济中心城市的表现形式也是不一样的，它们的崛起往往处于科技和行政格局的重大变革期，它们的衰落往往也是一个渐变的过程，如图2.1所示。因此，历史机遇、政府决策和政治层级是决定一个城市能否实现跨越式发展的关键。历史一再证明，在国家全面开放、全球经济一体化不断加深的时代背景下，上海和"长三角"地区依托优越的腹地资源和禀赋条件，发展成为中国和世界最发达的经济区域之一是具有其历史必然性的。

第二节 主要都市圈及代表性城市的禀赋比较

一、国内主要都市圈的禀赋比较

未来全球城市的竞争，越来越朝着区域一体化的竞争方向发展。区域一体化将取代原有的、孤立的单个城市之间的竞争模式。

表2. 12　　　　　三大沿海城市圈的2014年禀赋情况

禀赋	指标	"长三角"	"珠三角"	"京津冀"
自然禀赋	地理位置	长江中下游平原	粤江平原	华北平原
	区域范围	江苏、浙江、上海	广东	北京、天津、河北
	区域面积	33 万 km²	17. 98 万 km²	21. 7 万 km²
	年平均气温	15℃ ~16℃	18℃ ~24℃	-1℃ ~14℃ ;
	可利用水资源	10150. 3 亿 m³	4786. 4 亿 m³	869. 9 亿 m³
腹地资源	腹地省区市	苏浙沪皖赣鄂湘渝贵川	粤桂赣湘贵云琼	京津冀晋陕宁甘内蒙古
	腹地面积	165. 5 万 km²	138. 8 万 km²	228. 15 万 km²
	腹地人口	5. 37 亿	3. 59 亿	2. 42 亿
经济禀赋	经济总量	12. 88 万亿	6. 78 万亿	6. 65 万亿
	常住人口	1. 59 亿	1. 07 亿	1. 11 亿
	特大（超大）城市	4	5	2
	首位城市首位度	2. 12	1. 80	1. 52
	人均 GDP	92372 元	63469 元	67464 元
	第二产业产值	5. 84 万亿	3. 13 万亿	2. 73 万亿
	第三产业产值	6. 49 万亿	3. 33 万亿	3. 53 万亿
	固定资产投资合计	71124 亿	25928. 1 亿	45888. 3 亿
	总部经济指数	86. 11	77. 53	88. 99
	金融机构本外币存款余额	24. 69 万亿	12. 79 万亿	16. 83 万亿
	国内贸易额	48832. 65 亿	28471. 15 亿	25526. 85 亿
	对外贸易额	13853. 17 亿	10767. 34 亿	6094. 5 亿
	金融市场规模	818. 7 万亿	22. 28 万亿	25. 84 万亿
基础设施禀赋	货物运输周转量	11. 09 万亿吨公里	1. 67 万亿吨公里	1. 50 万亿吨公里
	航空人次	1. 31 亿	0. 98 亿	0. 86 亿
	港口吞吐总量	44. 1 亿吨	15. 6 亿吨	14. 9 亿吨

续表

禀赋	指标	"长三角"	"珠三角"	"京津冀"
行政级别	副省级以上城市个数	4	2	2
	政策优势	"长三角"一体化、长江经济带、	"大珠三角"城市群	"京津冀"一体化、环渤海经济圈
	区域层级关系	单中心+双次级中心	双中心	单中心+单次级中心
科研禀赋	高校学生	352.8万	188.1万	259.0万
	R&D投入	3931亿	1627亿	1927.5亿
	专利授予量	43.95万	18万	4.57万
对外开放	FDI	621.33亿$	268.70亿$	349.07亿$
	外来入境旅游收入	144.85亿$	171.06亿$	81.1亿$

　　注：腹地省区市：由于数据可得性的原因，所以本表样本中未计算西藏、新疆和青海三省区的相关数据；可利用水资源：按照年水利资源长江区、珠江区、黄河和海河区统计；国内贸易额：全年社会消费品零售总额总经济指数：以每个地区得分最高的城市作为参考；金融市场规模：证券市场交易额。
　　资料来源：wind、CEIC Data、《中国总部经济蓝皮书：中国总部经济发展报告（2013～2014）》及各省区市统计年鉴。

　　因此，我们以城市圈和龙头城市的分类方式来比较分析各个城市圈的自然禀赋、腹地禀赋、经济禀赋、基础设施禀赋、行政级别、科研禀赋和对外开放状况等，以及它们对上海建设全球城市的影响。表2.12列出了2014年各个城市圈的禀赋状况。

　　从自然禀赋角度上，"长三角"地区占有较大优势，"珠三角"和"京津冀"各有优劣；从腹地禀赋角度上，虽然"长三角"地区腹地绝对面积不如京津冀，但"长三角"腹地省市人口远远超过"京津冀"地区一倍有余。因此，"长三角"的腹地资源和市场潜力远远高于"京津冀"地区；从经济禀赋角度上，在总部经济上，"长三角"地区明显不如"京津冀"地区，这主要是由于北京的总部经济比上海更加发达的缘故。在其他经济指标方面，"长三角"地区遥遥领先。从基础设施角度上，"长三角"地区占有绝对优势。

　　从制度层级角度上，虽然"长三角"地区是以上海为首的单中心体系，但江浙沪地区同属平等的省级行政单位，在一体化进程中，"长三角"将处于不利地位；"珠三角"是广州和深圳双中心，二者互补，又相互竞争，但二者在行政划分上同属于广东省，因此一体化进程方面优势将高于"长三角"地区；"京津冀"地区是"单中心＋次级中心"，北京市是中心城市，天津市是次级中心城市，二者合作大于竞争，在区域一体化方面的优势明显强于"珠三角"、"长三角"。从创新研发和对外开放度角度上，"长三角"和"珠三角"各有所长。而"京津冀"在这两方面，处于相对落后地位。

二、主要都市圈代表性城市的禀赋比较

在此，我们比较了上海、南京、杭州、北京、天津、广州、深圳和重庆共八座代表性城市的自然禀赋、经济禀赋、基础设施禀赋、行政级别和对外开放等五个方面的情况。

1. 自然禀赋

表 2.13 反映了国内几个主要城市的自然禀赋状况。从港口角度：上海、天津、深圳和广州由于具有天然或人工深水海港优势，因此成为区域经济贸易中心或全球城市的可能性更大。其中，天津市地处渤海湾西部内凹部，与北京市相邻，且天津港是冻港，因此未来发展会受到诸多自然因素限制。北京市，由于地处内陆，因此并不具备海港禀赋的"地利"优势。

表 2.13　　　　国内主要城市的自然禀赋比较

指标	上海	南京	杭州	北京	天津	广州	深圳	重庆
地理位置	长江入海口	沿江下游	钱塘江入海口	华北平原	海河入海口	珠江入海口	珠江入海口、邻近香港特区	长江中上游
面积（万平方km）	0.63	0.66	1.66	1.64	1.19	0.74	2	8.24

续表

指标	上海	南京	杭州	北京	天津	广州	深圳	重庆
平均气温	15.7℃	15.4℃	17.5℃	14℃	14℃	21.9℃	22.5℃	18℃
港口特点	海港	内河港	浅水港		人工港、冻港	海港	海港	内河港
水资源总量（亿立方米）	36.35	23.72	141.15	20.25	10.8	82.12	21.51	599.53
人均水资源	3312.9	9765	1596.00	94.00	171.00	627.80	199.56	2004.18
建设用地面积（平方公里）	3020	708	409	1505	736	688	869	921
建设用地占比	47.94%	10.73%	2.46%	9.18%	6.18%	9.30%	4.35%	1.12%

注：其中，水资源总量指的是包括河流径流量的淡水资源总量。

资料来源：wind、CEIC Data、《中国总部经济蓝皮书：中国总部经济发展报告（2013～2014）》及各城市统计年鉴。

从人均水资源角度：北京市由于水资源匮乏，人均可用水量最低，因此环境承载能力将是其面临的主要问题（虽然上海市地下水和地表水资源较少，但河流径流量较大，其中，上海市 2014 年河流径流量约 8000 亿立方米）。

从建设用地和建设用地占比角度：由于上海市城市建设用地占全部土地的 47.9%，远远超过其他城市，甚至超过纽约、巴黎等国际大城市，因此，未来发展空间将面临来自土地资源的约束。重庆市，自然资源丰富，处在内陆地区交通枢纽但地理位置欠佳。

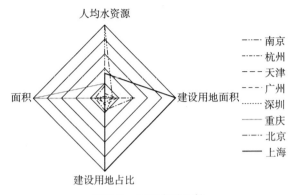

图 2.2　自然禀赋比较

注：其中，港口按照：海港（3）、冻港海港（2）、内河港（1）、无（0）进行标准化得来。

2. 经济禀赋

经济总量方面：上海、北京、广州、深圳、天津和重庆经济总量均已突破1万亿大关，上海处于领先。

在人均GDP方面：除重庆外，所有城市人均GDP均已突破1万美元大关，经济发展水平相对较高。重庆市最近几年发展迅速，作为内陆新兴的城市，成为沿海城市产业转移的主要承接地区。

常住人口方面：重庆市、上海市和北京市都已突破2000万人，其中，上海市常住人口为2425.68万人，排名第一，高出排名第二的北京市约12.74%。① 就常住人口/户籍人口比看：深圳市比例高达4.13，远远超过排名第二的上海的1.7，这说明深圳的城市引力要高于上海。另外，其他城市的排名依次是北京、广州、天津、南京、杭州和重庆。

工业发展方面：上海、天津、深圳和重庆工业增加值分列前四位，北京、杭州和南京垫底，其中，上海市和天津市工业增加值均

———————

① 在此，我们并没有将重庆市作为第一，是因为重庆市面积较大，农业人口占比较大。

已突破 7000 亿元，约是北京市的两倍。在第三产业占比上：北京最高，为 77.9%，天津和重庆较低；上海为 64.8%，南京和杭州依次为 55.8% 和 55.1%；广州和深圳依次为 65% 和 57.3%。

表 2.14　　　　　　　　　国内主要城市的经济禀赋比较

指标	上海	南京	杭州	北京	天津	广州	深圳	重庆
经济总量（亿元）	23560.9	8820.75	9201.16	21330.8	15722.5	16706.9	16002	14265.4
人均 GDP（万元）	9.71	10.75	10.38	10	10.37	12.77	14.95	4.79
常住人口（万人）	2425.68	821.61	889.2	2151.6	1516.81	1308.05	1077.89	2991.4
常住人口/户籍人口	1.70	1.27	1.24	1.61	1.49	1.55	4.13	0.89
工业增加值（亿元）	7362.8	3165.8	3426.4	3746.8	7083.4	5075.41	6501.1	5175.8
第二产业产值（亿元）	8164.79	3671.45	3858.9	4545.5	7765.91	5606.41	6823.05	6531.86
第三产业产值（亿元）	15271.89	4925.34	5067.9	16626.3	7753.03	10862.94	9173.64	6672.51
第二产业比重	34.70%	41.70%	41.90%	21.40%	49.40%	33.60%	42.60%	45.80%
第三产业比重	64.80%	55.80%	55.10%	77.90%	49.30%	65.00%	57.30%	46.80%
固定资产投资合计（亿元）	6016.4	5460	4952.7	7562.3	11654.1	4889.5	2717.42	13223.8
国内贸易（亿元）	8718.65	4167.2	3838.73	9098.1	4738.65	7697.85	4844	5096.2
对外贸易（亿美元）	4666.22	572.21	679.98	4156.6	1339.13	1306	4877.65	954.5
金融机构本外币存款余额（万亿元）	7.39	2.07	2.45	10.01	2.48	3.55	3.74	2.52

续表

指标	上海	南京	杭州	北京	天津	广州	深圳	重庆
金融业增加值	3268.43	958.81	879.32	3310.8	1389.53	1141.93	2237.54	1225.27
证券市场交易额（万亿元）	786.66			23.23	2.54	38.94	44.47	
总部经济指数	86.11	59.72	67.09	88.99	57.61	77.53	76.55	50.83

资料来源：2014 年各城市统计年鉴。

从服务业发展水平来看，广州和北京的城市发展层级高于上海。就固定资产投资看：上海市达到 6016.43 亿元，屈居重庆、天津和北京之下，深圳市最低，约 2717.42 亿元。此外，重庆市固定资产投资额是上海市的两倍有余，天津市也接近上海市的两倍。

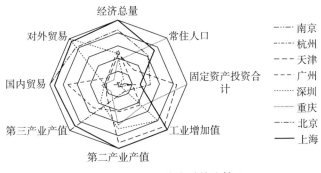

图 2.3（a）　经济禀赋的比较 1

在国内贸易方面：北京市为 9098.1 亿元，略高于上海市的 8718.65 亿元，排名依次是北京、上海、广州、重庆、深圳、天津、南京和杭州。

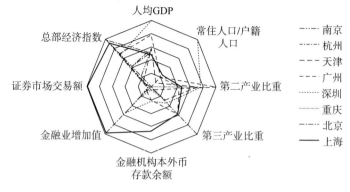

图 2.3（b）　经济禀赋的比较 2

在对外贸易方面：深圳市为 4877.65 亿美元，领先全国，上海市约为 4666.22 亿美元排名第二，北京市为 4156.6 亿美元排名第三，其他城市依次排名为天津、广州、重庆、杭州和南京。

在金融资本方面：北京市和上海市属于第一层级，资本存量均已超过 5 万亿元，其中，北京市资本存量最多，高达 10.01 万亿元，远远超过第二名的上海（7.39 万亿元）和第三名的深圳（3.74 万亿元），北京和上海的资本存量总和已经超过深圳、广州、重庆、天津、杭州和南京六市的资本存量总和。北京的资本存量远远超过了上海和其他城市，从城市未来发展的角度来看，北京的资本潜力已经绝对超过上海。

在总部经济方面，北京市（88.99）排名第一，上海市（86.11）排名第二，广州市（77.53）和深圳市（76.56）分别位列第三和第四，天津市和重庆市则排名最后。

3. 基础设施禀赋

货运总量：重庆市排名全国第一，为 9.73 亿吨，上海市为 9.03 亿吨和广州市为 8.83 亿吨屈居第二和第三，杭州和北京垫底。依托长江，重庆市成为货物中转中心，这实际上有利于上海未来贸易的发展。

表 2.15　　　　　国内主要城市的基础设施禀赋的比较

指标	上海	南京	杭州	北京	天津	广州	深圳	重庆
货运总量（亿吨）	9.03	3.19	2.93	2.95	5.09	8.83	2.94	9.73
航空人次（万人次）	8965.9	809.28	1334	6781.8	1207.3	6984.22	3627.25	1657.92
港口吞吐总量（亿吨）	7.55				5.4	5	2.23	1.47
轨道交通里程（公里）	567	87	48	465	136	260	178	168.8
邮电收入（亿元）	538.64	163.57	188.57	652.47	196	458.51	586.66	257.32

资料来源：2014 年各城市统计年鉴。

　　航空人次：上海市为 8965.9 万人次排名第一，广州市为 6984.22 万人次和北京市为 6781.8 万人次排名第二和第三，天津和南京排名较后。上海、广州和北京依然是国内最大的航空港。

　　港口吞吐量：上海港以吞吐量 7.55 亿吨位列第一，天津港以 5.40 亿吨位列第二，广州港则以 5.0 亿吨位列第三，深圳市以 2.23 亿吨位列第五，重庆市以 1.47 亿吨位列第六。上海港绝对领先的地位，决定了上海市作为中国对外贸易中心的城市地位，而天津港的崛起，将给"京津冀"地区的发展带来巨大的有利条件。

　　轨道交通：上海市位列第一，北京市位列第二，广州市和深圳市分别位列第三和第四，南京和杭州排名较后。

　　邮电业务收入：北京市位列第一，深圳市和上海市分别位列第二和第三，天津、杭州和南京排名较后。

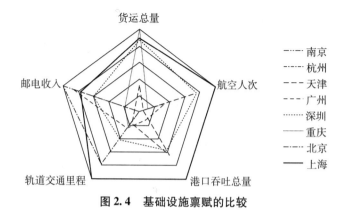

图 2.4　基础设施禀赋的比较

4. 行政级别

从区域行政级别来看，"长三角"是单中心＋双次级中心特征；"珠三角"是上中下特征；"京津冀"是单中心＋次级中心特征。其中，"长三角"地区的上海、南京和杭州在第二产业、第三产业发展方面，存在一种"各自为政"的发展特征，发展互补性不强，但具有一定竞争性；"珠三角"地区，广州和深圳的产业发展，虽然具有较强的互补性，但亦存在一定的竞争性；"京津冀"的北京和天津，在产业发展上互补性更强，一体化进程成本更低，但同时也说明两市各自存在一定短板，限制了城市的发展，在城际间进行的经济活动的交易成本上升。

表 2.16　　　　　　国内主要城市的行政级别的比较

指标	上海	南京	杭州	北京	天津	广州	深圳	重庆
行政层级	直辖市	省会（副省级）	省会（副省级）	首都	直辖市	省会（副省级）	副省级	直辖市
区域经济体层级	"长三角"中心城市	"长三角"次级中心城市	"长三角"次级中心城市	"京津冀"中心城市	"京津冀"次级中心城市	"珠三角"中心城市	"珠三角"中心城市	成渝地区中心城市

资料来源：2014 年各城市统计年鉴。

5. 从对外开放角度来看

在 FDI 方面：2013～2014 年度，天津市成为吸引外资最大的城市，FDI 总量约 188.67 亿美元，略微领先于上海市为 181.66 亿美元，重庆市为 106.29 亿美元排名第三，北京市为 90.4 亿美元排名第四，而广州和南京排名较后。

在入境旅游收入和人次方面：上海和广州依然是中国最开放的两个城市，其次是北京、天津、重庆和深圳。

表 2.17   **国内主要城市对外开放度的比较**

指标	上海	南京	杭州	北京	天津	广州	深圳	重庆
FDI	181.66	32.91	63.35	90.4	188.67	51.07	58.05	106.29
入境旅游收入	57.05	5.53	23.18	46.1	29.92	54.75	45.66	13.54
入境旅游人次	791.3	51.86	316	427.5	272.48	768.2	166.8	263.76

资料来源：2014 年各城市统计年鉴。

综上所述，"长三角"地区在禀赋总量上遥遥领先"珠三角"地区和"京津冀"地区，但是应该注意的是，"长三角"地区的绝对领先是由于江浙两省领先河北省或广东省部分地区所导致的。而"珠三角"和"京津冀"在禀赋总量上则各有所长，其中，在自然禀赋、对外贸易和对外开放方面，"珠三角"依然领先"京津冀"，但在金融投资、总部经济和行政级别方面已经被"京津冀"地区所超越。此外，从主要城市的产业结构特征看，"京津一体化"对催生"京津冀"地区"超级城市"将更加有利；但从政治层级来看，"京津冀"各地区之间差距明显，政治地位的不对称导致经济发展上的不对称，京津两市引力较强，辐射能力稍差，津冀两地竞争加剧，一体化进程缓慢。而"长三角"地区主要城市的"各自为政"的产业特征和相同的政治层级结构使得各城市间在发展利益和资源争夺上竞争激烈，"长三角"一体化进程的壁垒相对较高。但随着经济增速的放缓，各地区逐渐认识到统一步调协同发展的重要性，竞相出台相关政策对接"大上海"中心核心区，错开产业同构，避免重复建设。因此，一体化的完成依然有很大机会。

另外，从单个指标的比较上，上海市并不处于绝对领先地位。上海市在城市建筑用地占比、金融机构本外币存款、总部经济、第三产业比重、行政层级、区域经济互补性和科研创新方面明显落后于北京市；在人均经济水平、对外贸易和专利授予方面稍微落后于深圳市；在固定资产投资和货运总量方面明显落后于重庆市。但在地理区位、水资源量、经济总量、证券市场规模、基础设施禀赋和对外开放上，上海市又遥遥领先。尽管上海市在单个指标方面并不占绝对优势，但是每项指标排名大都位列前三名，所以综合禀赋水平较高。因此，上海市依然是国内第一层级的核心城市，相对于其他城市来说，依然处于"被超赶者"地位。但是，需要引起注意的是，北京市、重庆市、深圳市和天津市正快速崛起，尤其北京市的崛起，将给上海市建设全球城市带来较大影响。

虽然北京市的综合禀赋能力将对上海市构成巨人挑战。实际上，由于人均自然资源少、区位条件差和城市生活成本高等因素，加之经济引力大于经济辐射能力，使得北京市的发展将会受到一定程度的限制。北京市在非自然禀赋上领先的原因是，由于北京市的"行政层级优势"所引发的；而在水资源总量、工业产值、对外贸易、证券市场交易额、货运总量、港口吞吐量、高校研究生数和对外开放方面，北京市明显落后于上海市，这主要是由于北京市区位条件和历史禀赋不如上海市所致。另外，我们应该看到的是，北京市相对于上海市，经济总量相差约 10.4 个百分点，相差绝对额为2230 亿元，第三产业占经济比重比上海多出 13.1 个百分点，第三产业产值比上海多出 1345 亿元左右，北京市在第三产业发展方面遥遥领先于上海市。但反过来我们也应该看到，上海市在经济产业结构上仍然具有可挖掘的潜力。因此，产业转型升级将是决定上海市未来城市竞争力和城市相对地位的关键。秉承"可持续发展"的经济驱动方式特征，上海市产业的转型应该达到经济发展和环境保护相统一。

另外，广州市在经济总量、第三产业产值、国内贸易、总部经济、基础设施禀赋和对外开放方面依然保持第三位的水平，但在固定资产投资、对外贸易、工业增加值、金融资本、金融产业发展和科研创新方面已明显落后于深圳市。此外，需要注意的是，深圳市制造业产值主要是高新制造业，据《2014年国家知识产权局》统计，中国发明专利授权量排名前十位的国内企业有5家在深圳，4家在北京，1家在杭州，其中，深圳市授权量为6029件，北京市为3281件，杭州市为336件。另外，深圳市第三产业比重仅为57.3%，产业升级依然具有较大空间，因此，未来发展空间依然很大。实际上，深圳和广州是各有所长。

天津在固定资产投资额、港口吞吐量和FDI方面排名靠前。重庆市近几年则异军突起，在货运总量、固定资产投资额方面位居第一，其他很多方面也已经超过南京和杭州。但是，重庆市发展起步晚，主要以承接沿海地区的产业转移带动经济发展，经济层级较低，人均产值排名垫底。此外，天津市和重庆市第二产业、第三产业占GDP比重都超过45%，是典型的制造业城市。

杭州和南京，虽然各项指标排名均不靠前，但是第三产业比重均为55%左右，二者均处于从制造业城市向服务业城市发展的过程中。而且，南京和杭州则在各项指标上都处于相对靠后的位置，但第三产业占经济总量比重达到55%以上，产业结构层级发展比天津和重庆高，因此，各自之间平均经济禀赋较为接近。

第三节　国内主要都市圈发展现状与基本格局

全球城市的形成必须具有广阔的腹地支撑，上海建设全球城市离不开"长三角"都市圈的发展，而国内其他都市圈的发展对上海建设全球城市也会产生重要的影响。因此，把握国内主要都市圈发展现状和基本格局，对上海建设全球城市具有重要意义。

一、"长三角"都市圈的发展现状与基本格局

（一）"长三角"都市圈及圈内代表性城市发展现状

"长三角"地区是中国第一大经济区，是中国综合实力最强的经济中心、亚太地区重要的国际门户、全球重要的先进制造业基地、世界第六大城市群。

2010 年，国务院批复的《长江三角洲地区区域规划》中指出，长江三角洲地区包括上海、江苏、浙江"两省一市"，随着"长三角"一体化进程的不断深化，"长三角"都市圈的范围也不断扩张。以"长三角"城市经济协调会的会员城市为准，目前，"长三角"都市圈包括上海、江苏、浙江，以及安徽省的部分地市，城市总数达到 30 个。

2014 年，长江三角洲地区（上海、浙江和江苏）的 GDP 总值达到 128802.76 亿元，占全国的 20.24%。从 1982 年国务院决定成立上海经济区，形成"长三角"最早的雏形，到如今，"长三角"地区一体化水平不断加深。"长三角"城市群的国际影响力也随之日益提升。

表 2.18　　　　　"长三角"一体化进程重大事件回顾

时间	事件
1982 年 12 月 22 日	国务院决定成立上海经济区，形成"长三角"的最早雏形
1983 年 3 月 22 日	上海经济区规划办公室成立，上海经济区的范围包括上海、苏州、无锡、常州、南通、杭州、嘉兴、湖州、宁波、绍兴等 10 个城市
1983 年 8 月 18 日	召开第一次上海经济区规划工作会议，建立包括上海、江苏和浙江"两省一市"在内的"首脑"会议制度

续表

时间	事件
1984 年 12 月 6 日	安徽省成为上海经济区成员
1988 年 6 月 1 日	国家计划经济委员会撤销上海经济区规划办公室，"长三角"一体化进程暂时中断
1992 年	上海、无锡、宁波、苏州、扬州、舟山、杭州、绍兴、南京、南通、常州、湖州、嘉兴、镇江等 14 市建立"长三角"城市协作部门主任联席会议制度
1997 年	15 市（泰州加入）成立长江三角洲城市经济协调会
2003 年 8 月 19 日	台州加入长江三角洲城市经济协调会，成员城市扩大至 16 个
2004 年 11 月 2 日	长江三角洲城市协调会联席会议由每两年召开一次改为每一年召开一次
2005 年	《"长三角"都市圈高速公路网规划》出台，《长江三角洲地区城际轨道交通网规划》获批
2008 年 9 月 7 日	国务院通过《关于进一步推进长江三角洲地区改革开放和经济社会发展的指导意见》
2010 年 6 月 22 日	国务院批复《长江三角洲地区区域规划》，规划范围包括上海、江苏、浙江"两省一市"
2013 年 4 月 13 日	"长三角"城市经济协调会第十三次市长联席会议召开正式吸收徐州、芜湖、滁州、淮南、丽水、温州、宿迁、连云港等八座城市成为"长三角"城市经济协调会成员，至此会员城市扩容至 30 个，包括上海市、江苏省、浙江省以及安徽省的合肥、芜湖等 5 地市
2014 年 9 月 12 日	国务院印发《关于依托黄金水道推动长江经济带发展的指导意见》，指出提升长江三角洲城市群国际竞争力，促进长江三角洲一体化发展，打造具有国际竞争力的世界级城市群
2015 年 3 月 26 日	长江三角洲城市经济协调会第十五次市长联席会议召开，签署《长江三角洲地区城市合作（马鞍山）协议》

资料来源：倪鹏飞．《中国城市竞争力报告（No.12）》，社会科学文献出版社，2014 版，第 52~53 页。以及根据相关公开资料整理而得。

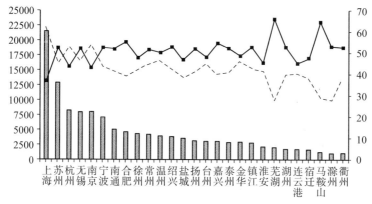

GDP/亿元　—■—第二产业占GDP比重（%）- - -第三产业占GDP比重（%）

图2.5　2013年"长三角"都市圈27市经济规模及产业结构情况

资料来源：国泰安数据库。

　　表2.19较全面地反映了2014年"长三角"都市圈主要城市综合竞争力的基本情况。从经济规模来看，2013年，"长三角"都市圈内有27座城市的GDP总值超过1000亿元，见图2.5。其中，上海市地区生产总值达到21602.12亿元，不仅位居"长三角"都市圈内城市GDP总量的榜首，也是全国GDP总量最高的城市，显示出无可撼动的龙头城市的地位。位居第二的苏州与上海仍有巨大差距，但GDP总量也突破万亿元，相对于其后的城市有明显的领先优势，而位列3～6位的杭州、无锡、南京和宁波的GDP总量则较为接近，其他城市的经济总量规模与前六位的城市相比差距明显。

表2.19　　　　2014年"长三角"都市圈城市综合经济竞争力、可持续竞争力及其分项

城市	综合经济竞争力		可持续竞争力		知识城市竞争力	和谐城市竞争力	生态城市竞争力	文化城市竞争力	全域城市竞争力	信息城市竞争力
	指数	排名	指数	排名	等级	等级	等级	等级	等级	等级
上海	0.801	3	0.887	2	5	5	5	5	5	5
苏州	0.490	7	0.672	8	5	5	3	5	5	5

续表

城市	综合经济竞争力		可持续竞争力		知识城市竞争力	和谐城市竞争力	生态城市竞争力	文化城市竞争力	全域城市竞争力	信息城市竞争力
	指数	排名	指数	排名	等级	等级	等级	等级	等级	等级
无锡	0.414	10	0.605	17	5	5	4	5	5	5
南京	0.341	13	0.652	9	5	5	3	5	5	5
宁波	0.249	21	0.614	12	5	5	2	5	5	5
杭州	0.247	22	0.718	7	5	5	5	5	5	5
常州	0.240	25	0.506	31	5	5	3	4	5	5
南通	0.218	28	0.468	38	5	5	3	5	4	4
合肥	0.191	35	0.502	32	5	5	4	4	4	5
徐州	0.180	36	0.375	70	4	3	2	4	2	5
嘉兴	0.179	37	0.463	39	5	3	1	5	5	5
镇江	0.178	38	0.515	30	5	5	4	5	5	5
扬州	0.163	41	0.490	34	5	2	5	5	5	5
绍兴	0.161	43	0.462	40	5	4	2	5	5	5
泰州	0.160	45	0.348	86	4	4	3	2	4	4
温州	0.139	50	0.460	42	4	4	4	4	5	5
盐城	0.132	56	0.346	88	4	4	3	2	3	4
台州	0.125	64	0.305	120	4	1	3	3	4	4
芜湖	0.123	66	0.432	51	5	4	4	2	4	4
金华	0.122	67	0.428	52	4	3	2	5	4	4
淮安	0.105	85	0.346	87	4	3	3	4	2	4
湖州	0.100	93	0.400	60	4	4	2	4	5	4

资料来源：倪鹏飞.《中国城市竞争力报告 No.13》，社会科学文献出版社 2015 年。

　　从产业结构来看，2013 年"长三角"都市圈 27 座 GDP 总量超过千亿元的城市的第二产业平均占比为 50.94%，高于全国平均水平 43.7%；第三产业平均占比为 42.30%，略低于全国平均水平 46.9%。其中，有三座城市的第三产业占 GDP 比重超过了第二产业，分别是上海，第三产业占比 62.24%，杭州，第三产业占比

52.93%，南京，第三产业占比 54.38%。

从城市竞争力来看，2014 年上海市综合经济竞争力指数为 0.801，在全国所有城市中排在深圳和香港特区之后，位列第 3；可持续竞争力指数为 0.887，在全国所有城市中仅次于香港特区，居第 2 位，上海继续保持"长三角"地区综合经济竞争力和可持续竞争力的龙头地位。此外，苏州、无锡也进入了综合经济竞争力的前 10 名；杭州、苏州和南京进入了可持续竞争力排名的前 10 位，共有 22 座城市进入了全国城市综合经济竞争力的前 100 名。

（二）"长三角"都市圈的基本格局

通过对"长三角"都市圈内 27 座城市经济总量规模、产业结构和城市竞争力的分析，可以发现"长三角"都市圈内城市呈现如下基本格局：上海作为首位中心城市的"龙头"地位无可撼动；苏州、杭州、无锡和南京在"长三角"地区的次级中心地位正在不断提高；其他城市在与中心城市综合竞争中仍有明显差距，而这一发现也与大量的实证研究结论相一致。

柴攀峰、黄中伟（2014）利用协同发展的相关理论，从"长三角"22 座城市之间的经济能级、经济联系以及产业协同发展三个方面对"长三角"城市群的空间格局进行研究。研究发现，"长三角"区域正在逐渐从单一中心向多中心化模式转变，基本形成以上海为核心的圈层和以苏州、杭州、宁波、无锡、南京为核心的多核心圈层结构。赵渺稀（2012）从区位商、职能强度、产业异同性等方面进行计算，对"长三角"区域的城市功能进行了时间序列的动态分析。研究发现：1996～2005 年，"长三角"地区形成了以上海为主要核心的生产服务业集聚城市，邻近上海的苏州、无锡成为技术密集产业集聚的城市，南京、杭州、宁波等核心城市也具有较高产业价值区段的职能，这六个城市成为"长三角"区域的核心地区；其余的城市为附加价值较低的外围区域，也是城市功能趋于非结构化的同质化区域。李娜（2011）基于城市流强度和城市经济联系强度模型，定量判断了"长三角"城市群的空间层级和联系程度。研究发现，"长三角"城市群形成以上海为中心，以南京、杭州、苏州、无锡和宁波等城市为副中心的多中心支撑的网络化布局。

二、"京津冀"都市圈城市的发展现状与基本格局

（一）"京津冀"都市圈及圈内代表性城市发展现状

"京津冀"地区是中国规模最大、最具活力的北方经济发展地区，是国家重要的高新技术和重工业基地，是中国三大城市群之一。2014 年，"京津冀"地区（北京、天津和河北）的 GDP 总值达到 66474.45 亿元，占全国的 10.44%。

表 2.20　　　　　　　"京津冀"一体化进程重大事件回顾

时间	事件
1986 年 5 月	环渤海 15 个城市成立"环渤海地区经济联合市长联席会议"，每一年半至两年召开一次
1992 年 10 月	党的十四大确立"环渤海经济圈"概念，提出加快环渤海地区经济开发与发展
1994 年	国家计划经济委员会对环渤海经济区进行区域规划
1996 年 3 月 17 日	《国民经济和社会发展'九五'计划和 2010 年远景目标纲要》提出，依托沿海大中城市形成以辽东半岛、山东半岛、"京津冀"为主的环渤海综合经济圈
1997 年 11 月 7 日	第八次环渤海地区经济联合市长（专员）联席会议，成员增加到包括北京、天津、河北、辽宁、山东、山西和内蒙古在内的"五省二市"，并提出建立特派员办公会议制度，每半年召开一次
2004 年 2 月 13 日	《廊坊共识》签署，提出"京津冀一体化"发展思路

续表

时间	事件
2004 年 5 月 21 日	北京、天津、河北、辽宁、山东、山西、内蒙古 "五省二市" 达成《北京倡议》，推动环渤海地区经济一体化，正式建立环渤海合作机制
2004 年 6 月 26 日	达成《环渤海区域合作框架协议》，形成环渤海经济合作联席会制度
2006 年 4 月 17 日	环渤海 32 个城市签署《天津倡议》
2013 年 8 月	提出要推动 "京津冀" 协同发展
2014 年 2 月 26 日	强调实现京津冀协同发展，是一个重大国家战略
2015 年 4 月 30 日	中共中央政治局召开会议，审议通过《"京津冀" 协同发展规划纲要》
2015 年 8 月 28 日	《"京津冀" 交通一体化方案》出炉，27 条城际铁路将连通 "京津冀"

资料来源：邹卫星，周立群.《区域经济一体化进程剖析："长三角"、"珠三角"与环渤海》，《改革》2010 年第 10 期。以及根据相关公开资料整理而得。

　　"京津冀" 地区一直以来被包含于环渤海经济区的概念之中，直到 2004 年《廊坊共识》的签署，才明确提出了 "京津冀一体化" 的概念。"京津冀" 都市圈日益成为继 "长三角" 都市圈、"珠三角" 都市圈之后，中国第三个重要的经济增长极。

　　"京津冀" 都市圈的范围，主要包括北京、天津以及河北省的石家庄、唐山等共 13 座城市。从经济规模来看，2013 年，"京津冀" 都市圈内 13 座城市的 GDP 总值都超过 1000 亿元（见图 2.6）。其中，北京市地区生产总值达到 19500.56 亿元，位居 "京津冀" 都市圈内城市 GDP 总量的榜首，也是全国 GDP 总量仅次于上海的城市，显示出了其在该区域无可撼动的 "龙头城市" 的地位。位居第二的天津市 GDP 总值为 14370.16 亿元，与北京市仍有一定差距，但相对于其后的城市有明显的领先优势。河北省 11 座城市的经济总量规模与北京、天津相比差距明显。

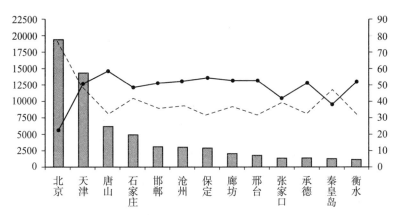

■GDP/亿元 ——第二产业占GDP比重（％） - - - 第三产业占GDP比重（％）

图 2.6　2013 年"京津冀"都市圈 13 市经济规模及产业结构情况

资料来源：国泰安数据库。

表 2.21　　　　　　2014 年"京津冀"都市圈城市综合经济
　　　　　　　　　　竞争力、可持续竞争力及其分项

城市	综合经济竞争力		可持续竞争力		知识城市竞争力	和谐城市竞争力	生态城市竞争力	文化城市竞争力	全域城市竞争力	信息城市竞争力
	指数	排名	指数	排名	等级	等级	等级	等级	等级	等级
天津	0.502	6	0.608	14	5	5	2	5	5	5
北京	0.482	8	0.861	3	5	5	3	5	5	5
唐山	0.217	29	0.317	114	4	4	1	3	4	4
石家庄	0.162	42	0.373	71	5	4	1	4	4	4
沧州	0.132	57	0.290	135	1	2	2	4	3	4
邯郸	0.130	59	0.275	146	3	2	1	4	2	3
保定	0.109	81	0.360	77	4	2	4	4	3	4
廊坊	0.104	87	0.295	131	4	3	1	3	4	3
邢台	0.079	128	0.228	190	2	2	1	3	3	3
秦皇岛	0.072	158	0.396	62	3	3	3	5	4	5

续表

城市	综合经济竞争力		可持续竞争力		知识城市竞争力	和谐城市竞争力	生态城市竞争力	文化城市竞争力	全域城市竞争力	信息城市竞争力
	指数	排名	指数	排名	等级	等级	等级	等级	等级	等级
衡水	0.065	193	0.225	196	2	1	1	2	2	4
承德	0.063	205	0.343	90	2	4	5	4	3	1
张家口	0.061	212	0.279	142	3	3	2	3	2	3

资料来源：倪鹏飞.《中国城市竞争力报告 No.13》，社会科学文献出版社 2015 年。

　　从产业结构来看，2013 年"京津冀"都市圈 13 座城市的第二产业平均占比为 48.22%，高于全国平均水平 43.7%，但低于"长三角"都市圈的第二产业占比；第三产业平均占比为 40.25%，也明显低于全国平均水平 46.9%。其中，只有两座城市的第三产业占 GDP 比重超过了第二产业，分别是北京市（第三产业占比76.85%），秦皇岛市（第三产业占比 47.03%），同时，北京市也是目前全国第三产业占比最高的城市，而天津市的第二、三产业占比基本持平。

　　从城市竞争力来看，2014 年北京市综合经济竞争力指数为0.482，排名全国第八位，可持续竞争力指数为 0.861，位居香港、上海之后排名全国第三位。尽管北京的综合经济竞争力略逊于天津，但是全面考量城市的经济竞争力和可持续竞争力，北京仍然是"京津冀"都市圈当之无愧的龙头城市。天津市的综合经济竞争力超越北京市，主要得益于其增量优势。天津市连续多年保持两位数的经济增长速度，2014 年度综合增量竞争力排名全国榜首。

　　除北京和天津之外，其余城市的竞争力水平则明显落后，仅有唐山、石家庄、沧州、邯郸、保定和廊坊六座城市进入综合经济竞争力的前 100 名。此外，生态城市竞争力成为"京津冀"都市圈最大的软肋，13 座城市中仅有承德 1 座城市达到评价体系的五星级标准，却有七座城市位列环保部 2014 年公布的空气质量最差的前 10 位城市之中（包括邢台、石家庄、邯郸、唐山、保定、衡水和廊坊）。

（二）"京津冀"都市圈的基本格局

通过对"京津冀"都市圈内 13 座城市经济总量规模、产业结构和城市竞争力的分析，可以发现"京津冀"都市圈内城市呈现以下基本格局：北京和天津是"京津冀"都市圈内绝对的核心城市，是各种资源和要素集聚的中心；其他城市则处于都市圈的外围。而就京津两地而言，由于北京市作为首都的特殊地位，京津两地的功能定位也有所不同，天津市成为北京非首都功能的重要疏散地，而北京作为政治中心、文化中心、国际交往中心、科技创新中心的地位无可撼动。

刘建朝和高素英（2013）采用经济联系强度和城市流模型，从区域和产业两大维度，对"京津冀"都市圈的空间联系进行了实证研究。结果显示，在"京津冀"都市圈中，北京、天津两大直辖市的城市流强度相对其他城市存在着跨级别的巨大优势，在"京津冀"都市圈的空间联系中居于核心地位，其他城市则居于从属地位；石家庄市的城市流强度值仅次于京津，其他城市的城市流强度值均较低。王洁玉和贺灿飞等（2012）基于 3D 模型（即经济密度、经济距离、经济整合）视角研究了"京津冀"都市圈的经济空间格局。研究发现，"京津冀"都市圈"双核"格局明显，且"3D"类型分布极不均衡，区域经济差异明显。北京、天津、唐山、廊坊属于第一阶梯，是"京津冀"都市圈经济发展的核心区域；秦皇岛、保定、沧州为第二阶梯，是"京津冀"都市圈经济发展的过渡区域；石家庄、承德、张家口为第三阶梯，是"京津冀"都市圈经济发展的外围区域。

三、"珠三角"都市圈城市的发展现状与基本格局

（一）"珠三角"都市圈及圈内代表性城市发展现状

改革开放以来，由于国家的政策支持，"珠三角"都市圈发展

十分迅速，已成为中国重要的制造业基地和经济中心，中国三大城市群之一。2014 年，广东省 GDP 总值达到 67792.24 亿元。其中，广东省内"珠三角"地区作为中国最发达的区域之一，其区域生产总值占全省的 78.9%，而粤东、粤西、粤北区域生产总值仅占全省的 21.1%。2013 年，"珠三角"都市经济圈 9 个地级市加港澳的国内生产总值（GDP）则达到 73429.74 亿元，约占中国经济总量的 13%。2015 年 1 月，世界银行发布《变化中的东亚城市区：十年空间增长测量》的报告，指出"珠三角"（广州、深圳、佛山、东莞）已超越著名的东京都市圈成为规模最大、人口最多的世界第一大城市圈。

表 2.22　　　　　　　"珠三角"一体化进程重大事件回顾

时间	事件
1985 年	国务院将珠江三角洲开辟为沿海经济开发区，"珠三角"初定范围为四市十三县
1994 年 10 月 8 日	广东省委提出建设珠江三角洲经济区。"珠三角"最初由广州、深圳、佛山、珠海等七座城市组成，调整扩大为由珠江沿岸的广州、深圳、佛山、珠海、东莞、中山、惠州、江门、肇庆九座城市组成
20 世纪 90 年代后期	"大珠三角"概念出现，"大珠三角"由广东、香港、澳门三地构成
2003 年	提出泛"珠三角"概念。其中，"泛珠三角"包括珠江流域及与之地域相邻、经贸关系密切的福建、江西、广西等 9 省区，以及香港、澳门两个特别行政区，简称"9 + 2"
2004 年 6 月 3 日	福建、江西、湖南、广东、广西、海南、四川、贵州、云南 9 省区和香港、澳门合力建设"泛珠三角"经济区，签署《泛珠三角区域合作框架协议》
2009 年 1 月 8 日	国务院批复《珠江三角洲地区改革发展规划纲要（2008～2020 年）》，由广州、深圳、佛山、珠海、东莞、中山、惠州、江门、肇庆九座城市组成珠江三角洲地区
2009 年 6 月 10 日	广东省出台《关于加快推进珠江三角洲区域经济一体化的指导意见》

续表

时间	事件
2010 年 8 月 15 日	广东省颁布了"珠三角"、"五个一体化"规划，即基础设施一体化、产业布局一体化、基本公共服务一体化、城乡规划一体化、环境保护一体化
2011 年 6 月 8 日	《全国主体功能区规划》在城市化战略格局中提出，"推进环渤海、长江三角洲、珠江三角洲地区的优化开发，形成 3 个特大城市群"。这意味着，将珠江三角洲地区列为国家层面的优化开发区域，并明确了该区域的功能定位和发展方向
2014 年 3 月	《国家新型城镇化规划（2014～2020 年)》颁布，要求"珠三角"要以建设世界级城市群为目标，在更高层次参与国际合作和竞争
2014 年 11 月	广东省人民政府下发《推进珠江三角洲地区智慧城市群建设和信息化一体化行动计划（2014～2020 年)》，① 提出打造"珠三角"智慧城市群的构想

资料来源：邹卫星，周立群 .《区域经济一体化进程剖析："长三角"、"珠三角"与环渤海》，《改革》2010 年第 10 期。以及根据相关公开资料整理而得。

从"珠三角"的概念被提出以来，其区域范围的界定几经改变，相继衍生出了"大珠三角"、"泛珠三角"等定义（详见表2.22）。2009 年，《珠江三角洲地区改革发展规划纲要（2008～2020)》中明确指出：珠江三角洲地区主要包括广州、深圳、佛山、珠海、东莞、中山、惠州、江门、肇庆九座城市，本课题主要采用这一定义。

从经济规模来看，2013 年，"珠三角"都市圈的九座城市以及汕头市的区域生产总值都达到 1000 亿元以上。其中，广州、深圳两市的经济总量遥遥领先，GDP 总值都达到万亿元以上，且彼此之间经济规模差距很小，见图 2.7，是名副其实的区域龙头城市。佛山、东莞位于第二梯队，经济总量也都超过了 5000 亿元，而其他城市的经济规模与前四位城市的差距较大。

---

① 参见：zwgk. gd. cn/006939748/201411/t20141118 – 555778. html.

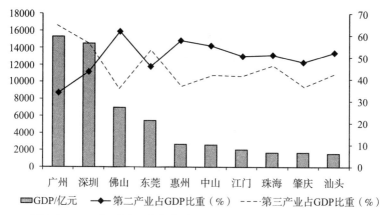

图 2.7　2013 年"珠三角"都市圈城市经济规模及产业结构情况

数据来源：国泰安数据库。

表 2.23　2014 年"珠三角"都市圈城市综合经济
竞争力、可持续竞争力及其分项

城市	综合经济竞争力		可持续竞争力		知识城市竞争力	和谐城市竞争力	生态城市竞争力	文化城市竞争力	全域城市竞争力	信息城市竞争力
	指数	排名	指数	排名	等级	等级	等级	等级	等级	等级
深圳	1.000	1	0.816	5	5	5	5	5	5	5
广州	0.578	5	0.763	6	5	5	5	5	5	5
佛山	0.407	11	0.553	25	5	5	3	5	5	5
东莞	0.332	14	0.613	13	5	5	4	4	5	5
中山	0.220	27	0.579	20	5	5	4	5	5	5
珠海	0.133	55	0.577	22	5	5	4	4	5	5
汕头	0.127	61	0.325	108	4	4	1	2	5	4
惠州	0.121	69	0.478	35	4	5	4	5	5	5
江门	0.099	94	0.425	54	4	4	4	3	5	5
肇庆	0.083	119	0.423	55	4	4	5	4	4	4

资料来源：倪鹏飞.《中国城市竞争力报告 No.13》，社会科学文献出版社 2015。

从产业结构来看，2013 年"珠三角"都市圈十座城市的第二产业平均占比为 50.01%，高于全国平均水平 43.7%，略低于"长三角"都市圈的第二产业占比；第三产业平均占比为 45.65%，是中国三大都市圈中第三产业占比最高的都市圈。其中，有三座城市的第三产业占 GDP 比重超过了第二产业，分别是广州（第三产业占比 64.62%）、深圳（第三产业占比 56.54%）、东莞（第三产业占比 53.75%）。

从城市竞争力来看，2014 年，深圳的综合竞争力指数为 1.000，排名全国第一；可持续竞争力指数为 0.816，排名全国第五。广州的综合经济竞争力和可持续竞争力都进入全国城市的前 10 名，深圳和广州保持着"珠三角"都市圈内"双龙头"的地位。而佛山、东莞、中山均处于全国综合经济竞争力和可持续竞争力最好的城市之列，除肇庆外，其他城市均进入了城市综合经济竞争力的前 100 名。从可持续竞争力的分项指标来看，"珠三角"都市圈内城市的发展比较均衡，并无明显的劣势，尤其是深圳、广州两座城市，各分项指标均达到了 5 星级，见表 2.23。

（二）"珠三角"都市圈的基本格局

通过对"珠三角"都市圈内九座城市经济总量规模、产业结构和城市竞争力的分析，可以发现"珠三角"都市圈内城市呈现以下基本格局：深圳和广州是"珠三角"都市圈内绝对的龙头城市，且两者综合实力相当，竞争优势明显，彼此不分伯仲；佛山、东莞和中山是处于第二梯队的核心城市，也有着较高的发展水平；其他城市相对处于都市圈的外围，"珠三角"都市圈内的城市基本格局呈现出明显的阶梯性。

朱政和郑伯红（2011）对"珠三角"城市群的职能等级结构进行了研究，他们将"珠三角"城市群的城市职能等级分为三级。第一等级包括深圳、广州两座城市，是城市群内重要的发展中心；第二等级包括东莞、佛山两座城市，是城市群的次级中心；第三等级包括珠海、江门、肇庆、惠州、中山五座城市，它们构成了城市群的功能组团。路旭、马学广、李贵才（2012）基于国际高级生产性服务业的布局研究了"珠三角"城市群的空间格局，研究发现"珠三角"是一体化、多中心的城市区域，其中，深圳和广州是区域中心城市，全面推动着本区域与世界城市网络的功能融合，珠海则是一个正在成长中的次中心；广州、深圳、珠海三座城市的外围地区和其他地级市中心城区是下一层次的网络节点，节点之间的功能联系表现出"跳跃性特征"。

参 考 文 献

柴攀峰，黄中伟.《基于协同发展的长三角城市群空间格局研究》，《经济地理》2014 年第 6 期。

陈泳.《近现代苏州城市形态演化研究》，《城市规划汇刊》2003 年第 11 期。

邓少华.《潮起东方铸华章》，《宁波日报》2008 年 12 月 15 日刊。

丁吉林，郑二妹.《风雨十年，激越中国梦》，《财经界》2013 年第 4 期。

国家统计局城市社会经济调查司.《中国城市统计年鉴 2014》，中国统计出版社 2015 年。

剑华.《广州建城 2222 周年：禅与革命的往事》，《黄金时代》2008 年第 4 期。

李飞雪，李满春，刘永学，梁健，陈振杰.《建国以来南京城市扩展研究》，《自然资源学报》，2007 年第 22 卷第 4 期。

李娜.《长三角城市群空间联系与整合》，《城市研究与开发》2011 年第 5 期。

李铁.《把脉京津冀一体化》，《人民文摘》2014 年第 5 期。

李同贺.《京津冀区域协同发展中的地方政府间合作问题研究》，《哈尔滨市委党校学报》2016 年第 1 期。

李杨.《国家中心城市"正当道"》，《中国西部》2010 年第 06 期。

刘建朝，高素英.《基于城市联系强度与城市流的京津冀城市群空间联系研究》，《城市研究与开发》2013 年第 2 期。

陆大道.《京津冀城市群功能定位及协同发展》，《地理科学进展》2015

年第 3 期。

路旭，马学广，李贵才.《基于国际高级生产者服务业布局的珠三角城市网络空间格局研究》,《经济地理》2012 年第 4 期。

倪鹏飞.《中国城市竞争力报告（No. 12)》，社会科学文献出版社2014 年。

倪鹏飞.《中国城市竞争力报告（No. 13)》，社会科学文献出版社2015 年。

石莹，赵昊鲁.《经济现代化的制度条件——对 1927～1937 年南京政府经济建设的经济史分析》,《社会科学战线》2005 年第 5 期。

史青.《宁波航运金融的发展现状与对策研究》,《大学生论文联合比对库》2013 年第 3 期。

孙善根.《宁波帮与宁波的早期现代化》,《宁波职业技术学院学报》2005 年第 12 期。

王洁玉，贺灿飞.《基于 3D 视角的京津冀都市圈经济空间分析》,《城市观察》2012 年第 3 期。

熊月之.《上海通史》第 8 卷：民国经济，上海人民出版社 1999 年。

徐峰.《荆楚风云话古今》,《软件世界》2003 年第 1 期。

赵凌云.《改革开放 30 年湖北发展的经验启示》,《学习月刊》2008 年第21 期。

赵渺稀.《全球化进程中长三角区域城市功能的演进》,《经济地理》2012 年第 3 期。

郑定铨.《1978～1988 年改革开放大事记》,《经济研究参考》2008 年第61 期。

朱政，郑伯红，贺清云.《珠三角城市群空间结构及影响研究》,《经济地理》2011 年第 3 期。

邹卫星，周立群.《区域经济一体化进程剖析：长三角、珠三角与环渤海》,《改革》2010 年第 10 期。

邹正方，杨志武，徐凯，刘利.《从 2003 年利用外资增幅下降看我国外资政策的调整取向》,《国际贸易问题》2004 年第 7 期。

第三章

上海与国内其他主要城市的竞合关系：基于战略定位的视角

随着全球化进程的不断推进，全球城市发展呈现出一个重要特征：即全球城市的崛起与该城市所在的区域发展密不可分，未来全球城市的建设将是内生于全球城市区域之中的。在此背景下，世界级都市圈将成为全球城市建设的重要依托。当前，中国拥有三个具备世界级都市圈潜力的都市圈，分别是"长三角"都市圈、"珠三角"都市圈及"京津冀"都市圈，而国内的主要城市也大都分布在这三个都市圈之中。因此，探讨上海与国内主要城市的竞合关系，首先要明确国内三大都市圈的发展现状及其相互间的竞合关系。除了传统的三大都市圈建设，2014年以来，国内相继推出了一系列重大的区域发展战略，如"长江经济带战略"、"一带一路战略"和"'京津冀'协同发展战略"，三大战略的推出将深刻影响中国的城市竞争格局。尤其是在三大战略的影响下，"三大都市圈的腹地核心城市"（如天津、南京、杭州、苏州等）以及"一带一路沿线重要节点城市"（如武汉、成都、重庆、厦门等）将迎来重大的发展机遇。在从国内区域发展的角度认识了上海与国内主要城市间的竞合关系后，我们更为关注的问题是，在"全球城市"的视野下，上海与国内主要城市的竞合关系如何展开？认真思考全球城市的主要特征不难发现，无论全球城市理论如何发展演变，全球城市的几个核心特征始终未变，一个全球城市一定是全球的金融中心、世界交通枢纽、国际投资贸易枢纽和全球科技创新中心，而这四点特征也是我们分析国内其他主要城市对上海建设全球城市影响的重要维度。

　　根据以上分析，可以得到以下三点认识：一是，世界级都市圈成为全球城市建设的重要依托；二是，三大区域发展战略将深刻影响中国的城市竞争格局；三是，金融、交通、投资贸易和科技创新是分析上海与国内主要城市间竞合关系的重要维度。本章从城市战略定位视角出发，分析金融、交通、投资贸易和科技创新四大维度下，上海与国内三大都市圈核心城市和"一带一路"沿线节点城市的竞合关系，为后续的实证研究和统计分析提供政策依据。

第一节　国内主要城市的战略定位

　　在新的时代背景下，中国经济将进入一个新的发展阶段，国内主要城市发展也将迎来新的战略机遇期。2014 年年初，上海提出要在建设"四个中心"的基础上建设成为具有全球资源配置能力、较强国际竞争力和影响力的全球城市。北京也提出在 2050 年建设成为世界城市。而随着"一带一路"战略、"长江经济带"战略、"京津冀协同发展"战略的实施，科技创新实力日益重要，互联网产业蓬勃发展，天津、深圳、杭州、重庆、武汉、成都等城市的战略地位也日益提升，在全球城市网络体系中的"枢纽"地位也越发显现。本节将以中国的"三大都市圈"和"一带一路"战略为立足点，梳理三大都市圈的核心城市和"一带一路"沿线重要节点城市的发展规划和战略定位，以求从城市规划和国家政策维度对国内主要城市未来的发展方向有一个"全景式"了解，为接下来深入分析国内主要城市间的竞合关系奠定基础。

表 3.1　　　　　国内主要城市的战略定位及其在全球城市体系中的位置

都市圈	主要城市	在世界城市网络中的排名	GNC（％）	发展目标与战略定位	正式提出文件或会议
"长三角"都市圈	上海	7	62.7	在 2020 年基本建成"四个中心"和社会主义现代化国际大都市的基础上，努力建设成为具有全球资源配置能力和国际竞争力的全球城市；全球科技创新中心	《关于编制上海新一轮城市总体规划的指导意见（2014）》；《关于加快建设具有全球影响力的科技创新中心的意见（2015）》
	南京	245	13.5	建设全国重要的现代服务业中心、先进制造业基地和国家创新型城市，区域性金融和教育文化中心	《全国主体功能区规划（2011）》
	杭州	262	12.5	建设国家高技术产业基地和国际重要的旅游休闲中心、国际电子商务中心、全国义化创意中心、区域性金融服务中心	《长江三角洲地区区域规划（2010）》
	苏州	325	8.6	成为具有世界影响力和美誉度的中国城市样板，成为生态优良、环境优美、富有文化内涵、富有活力、创新创业的宜居城市	《苏州市城市发展战略规划 2030》
"京津冀"都市圈	北京	12	58.4	到 2050 年左右，建设成为世界城市；全国政治中心、文化中心、国际交往中心和科技创新中心	《北京城市总体规划 2004～2020》
	天津	188	16.8	全国先进制造研发基地、北方国际航运核心区、金融创新运营示范区、改革开放先行区	《"京津冀"协同发展纲要（2015）》

都市圈	主要城市	在世界城市网络中的排名	GNC（%）	发展目标与战略定位	正式提出文件或会议
"珠三角"都市圈	广州	67	34.1	国家中心城市、综合性门户城市、国际大都市；国际商贸中心、世界文化名城、国际航运中心和华南交通枢纽	《广州城市总体发展战略规划2010~2020》；2015年，广州市《政府工作报告》
	深圳	106	25.8	建成现代化、国际化创新型城市；与香港特区合作共建国际性金融、贸易和航运中心	中共深圳市第六次代表大会（2015）；《深圳城市总体发展战略规划2010~2020》
"一带一路"沿线重要节点城市	厦门	346	7.5	国际知名的花园城市、美丽中国的典范城市、两岸合作的窗口城市、闽南地区的中心城市、温馨包容的幸福城市；21世纪"海上丝绸之路"的战略支点城市	《厦门市城市总体规划2010~2020》
	青岛	267	12.3	国家沿海重要中心城市，国际性的港口与滨海旅游度假城市，蓝色经济领军城市，国家历史文化名城；新亚欧大陆桥经济走廊主要节点和海上合作战略支点	《青岛市城市总体规划（2011~2020）》
	重庆	319	8.9	国家中心城市、国家历史文化名城、长江上游地区的经济中心、国家重要的现代制造业基地、西南地区综合交通枢纽；"丝绸之路"经济带的重要战略支点、长江经济带的西部中心枢纽、海上"丝绸之路"的经济腹地	《重庆市城市总体规划（2007~2020）》；《关于贯彻落实国家"一带一路"战略和建设长江经济带的实施意见（2014）》

续表

都市圈	主要城市	在世界城市网络中的排名	GNC（%）	发展目标与战略定位	正式提出文件或会议
"一带一路"沿线重要节点城市	成都	252	13.1	国家实施"西部大开发"的主要战略基地，世界生态田园城市；"一带一路"与长江经济带的战略交汇点	《成都市城市总体规划（2011～2020）》
	武汉	337	8.0	更具竞争力可持续发展的世界城市；中国高铁枢纽、亚欧经济一体化的重要节点	《武汉2049远景发展战略规划》

资料来源：GaWC 全球城市数据库（http：//www. lboro. ac. uk/gawc）以及根据相关公开发布的城市规划资料整理而得。

说明：GNC 全球网络联系度，所有城市中网络联系度最高的是伦敦，取值 100，其他城市的联系度则按照伦敦联系度的百分比计算，表中数据为 GaWC 全球城市研究小组利用 2010 年全球企业数据计算而得。

北京、上海是中国的两大龙头城市，率先提出了建设全球城市的战略目标。而随着"一带一路"、长江经济带、"京津冀"协同发展战略的提出和实施，科技创新实力日益重要，互联网产业以及先进制造业蓬勃发展并成为国家战略的重点，天津、深圳、杭州等二大都市圈的核心城市以及重庆、成都、武汉等"一带一路"沿线节点城市的战略地位也日益提升，在全球城市网络体系中的"枢纽"地位也越发显现，如表 3.1 所示。

一、"长三角"都市圈核心城市的战略定位

（一）上海：建设具有全球资源配置力、较强国际竞争力的"全球城市"

2001 年，国务院批准的《上海市城市总体规划（1999～

2020)》，提出将上海建设成为纽约、伦敦一样，在全球城市网络格局中成为重要的"全球性节点"的全球城市。2009 年，国务院发布《关于推进上海加快发展现代服务业和先进制造业建设国际金融中心和国际航运中心的意见》，制定的目标是将上海建设成为国际金融中心和国际航运中心。2012 年年初，上海发布《上海市吸收外资和境外投资"十二五"规划》，指出充分发挥外商投资和境外投资对上海创新驱动、转型发展的促进作用，努力使上海成为外商投资最具吸引力和境外投资最具活力效率的地区之一。

2014 年初，上海市政府发布了《关于编制上海新一轮城市总体规划的指导意见》，明确提出未来上海发展目标定位是：在 2020 年基本建成国际经济中心、国际金融中心、国际航运中心、国际贸易中心"四个中心"和在社会主义现代化国际大都市的基础上，努力建设成为具有全球资源配置能力、较强国际竞争力和影响力的全球城市。

在知识经济时代，信息技术发展催发的科技革命和产业变革持续演进，以科技创新推动经济社会发展成为国际共识。当前，建设全球科技创新中心已成为国际大都市转型发展的主要趋势。纽约、伦敦等城市都先后提出了建设全球科技创新中心的目标。例如，美国借助新科技革命带来的先发优势，于 2012 年制定了打造"东部硅谷"的宏伟蓝图，力图使纽约成为全球科技创新领袖。英国于 2010 年启动实施"英国科技城"国家战略，试图将东伦敦地区打造为世界一流的国际技术中心。上海建设全球科技创新中心，是在新的战略背景下建设全球城市的关键驱动力和难得机遇。

（二）南京：建设全国重要的现代服务业中心、先进制造业基地

上海市是"长三角"都市圈当之无愧的龙头城市，而南京和杭州则是长江三角洲两翼重要的核心城市。在 2011 年颁布的《全国主体功能区规划》中明确指出：要增强南京金融、科教、商贸物流

和旅游功能，发挥南京在长江中下游地区承东启西的枢纽城市作用，建设全国重要的现代服务业中心、先进制造业基地和国家创新型城市，区域性的金融和教育文化中心。

在国家发展长江经济带的战略规划中，南京也占有举足轻重的地位。由国务院批复的重量级规划中，和长江及南京密切相关的就有《长江三角洲地区区域规划》、《苏南现代化建设示范区规划》、《皖江城市带发展规划》、《江苏沿海经济带发展战略》等，都突出强调了南京的重要城市功能与其在长江经济带发展中的重要地位。南京也根据国务院批准的这些规划，结合城市的特点，制定了"完善区域性中心城市功能"、"建设长江航运物流中心和综合运输枢纽"、"成为'长三角'辐射带动中西部地区发展的重要门户"等建设目标。另外，南京还处于皖江城市带与"长三角"城市群的交汇点，对皖江城市带和"长三角"城市群的"铰合"发挥着越来越重要的作用。

（三）苏州：借势上海、错位发展；建设具有世界影响力的宜居城市

《苏州市城市总体规划（2007～2020）》提出，要将苏州建设成为文化名城、高新基地、宜居城市、江南水乡。在最新发布的《苏州市城市发展战略规划》中，又对苏州在世界城市体系和区域格局中的定位做了新的要求：未来苏州要回归"青山清水新天堂"，成为自然的、有机的、文化的，具有世界影响力和美誉度的中国城市样板，成为生态优良、环境优美、文化内涵、富有活力、创新创业的宜居城市。

对接上海，错位发展，一直以来是苏州重要的发展战略，在以制造业竞争为主，以开发区建设为代表的上一轮发展中，苏州凭借依托沪宁高速的突出区位优势，获得了率先发展的机会。但是，在"长三角"都市圈日渐网络化的城市格局下，苏州的区位优势面临被稀释的风险，江苏沿江、沿海板块和浙江杭州湾板块的崛起有可

能削弱苏州所在的"沪宁发展带"。而且，新一轮的竞争主要是区域服务职能的竞争，更强调城市环境和品质。在区域一体化背景下，上海明确了建设"全球城市"的战略目标，这将给苏州与周边城市的发展带来更多的机遇，苏州与周边城市的竞争也将更加激烈。

（四）杭州：建设全国重要的高技术产业基地和国际电子商务中心

《杭州城市总体规划（2001～2020）》中提出，杭州市的城市发展目标是：进一步发挥杭州在以上海为龙头的"长三角"地区重要中心城市的辐射带动作用和在全省的政治、经济、文化、科教中心作用，强化科技创新和中心城市的综合服务功能，逐步把杭州建设成为经济繁荣、社会和谐、设施完善、生态良好，具有地方特色的现代化城市。随着国内外发展环境的变化和杭州市经济社会的发展，现行的总体发展规划也做出了相应的完善和调整。2014年出台的《杭州市城市总体规划修改方案》重新阐述了杭州市的战略定位：以美丽中国建设的样本为目标，充分发挥科技优势和历史文化、山水旅游资源优势，建设国家高技术产业基地和国际重要的旅游休闲中心、国际电子商务中心、全国文化创意中心、区域性金融服务中心，使杭州成为国家首美之地、创新智慧之都、东方品质之城。

二、"京津冀"都市圈核心城市的战略定位

（一）北京：建设全国政治中心、文化中心、国际交往中心和科技创新中心

2005年，通过了《北京城市总体规划（2004～2020）》。在关于"城市性质"的表述中明确指出："北京是中华人民共和国的首

都，是全国的政治中心、文化中心，是世界著名古都和现代国际城市"。按照《北京城市总体规划（2004~2020）》提出的城市发展目标，北京的城市建设定位是建设世界城市，而建设过程分三步走：第一步是构建现代国际城市的基本构架；第二步到2020年全面建成现代化国际城市；第三步到2050年建成世界城市。近年来，随着国内外战略环境的深刻演变，北京的战略定位也有了新的变化。2014年，明确了北京是全国政治中心、文化中心、国际交往中心、科技创新中心的城市战略定位，提出了把北京建设成为国际一流的和谐宜居之都的发展目标，做出了"京津冀"协同发展的战略部署。

北京新一轮的战略定位有两个明显的改变。首先，北京作为首都的功能定位得到了进一步强化，而"非首都功能"的疏散，与"京津冀"都市圈内其他城市的协同发展，成为北京未来发展中面临的关键问题。其次，首次提出北京建设成为全球科技创新中心的战略定位，这一定位既是基于北京丰富的科技智力资源的现实考虑，也是对新一轮科技革命和产业变革以及全球城市发展趋势的主动适应。

（二）天津：对接北京、建设全国先进制造研发基地和北方国际航运中心

在历史上，天津市一直是中国华北地区的经济中心城市，天津港则是具有国际意义的大型港口，是中国北方最主要的航运中心。《天津城市总体规划（2005~2020）》确定天津的城市性质为：环渤海地区的经济中心，国际港口城市、北方经济中心和生态城市。2011年颁布的《全国主体功能区规划》进一步明确指出，要提升天津的国际港口城市、生态城市和北方经济中心功能，重点开发天津滨海新区，构筑高水平的产业结构，建设成为对外开放的重要门户、先进制造业和技术研发转化基地、北方国际航运中心和国际物流中心，增强辐射带动区域发展的能力。而在"京津冀"协同发展

和"一带一路"的国家战略之下，天津作为北方枢纽港的重要性愈发显现，天津的战略定位进一步调整为：全国先进制造研发基地、国际航运核心区、金融创新示范区、改革开放先行区。

三、"珠三角"都市圈核心城市的战略定位

（一）广州：建设国际商贸中心、世界文化名城

《广州城市总体规划（2011～2020）》确定广州的城市性质为：国家中心城市之一、国家历史文化名城、中国重要的国际商贸中心、对外交往中心、综合交通枢纽和南方国际航运中心。2011 年颁布的《全国主体功能区规划》强调要增强广州高端要素集聚、科技创新、文化引领和综合服务功能，强化作为国家中心城市、综合性门户城市和区域文化教育中心的地位，建设国际大都市。2015 年 1 月，广州市委十届六次全会首提"一江三带"概念，即"珠江经济带"、创新带和景观带。未来，广州将围绕建设国际航运中心，构建海陆空三位一体、内外互联互通的战略骨架，支撑广东自贸区与互联网创新经济的发展。2015 年，广州市《政府工作报告》中明确广州的战略定位是：建设成为国际商贸中心、世界文化名城、国际航运中心和华南交通枢纽。随着"一带一路"和自贸区两大战略在广州会合，国际航运中心、国际航空枢纽、国家自主创新示范区等重大城市发展规划也日益明晰。

（二）深圳：建设国际创新城市、国际创客中心、创业之都和创投之都

2008 年，《珠江三角洲地区改革发展规划纲要（2008～2020年)》中提出了深圳"一区四市"的国家战略定位，提出将深圳建设成为：综合配套改革试验区、全国经济中心城市、国家创新型城市、中国特色社会主义示范城市、国际化城市。作为重要的国际门

户城市，一方面，在国家城市体系中，深圳与"长三角"地区的上海、南京和杭州，与"环渤海"地区的北京、天津，与"珠三角"地区的广州、香港特区、澳门特区，与海峡两岸经济区的台北市、高雄市、厦门市等城市相类似，发挥着国际城市的重要作用，拥有代表国家参与全球城市竞争的战略地位；另一方面，在全球城市体系中，深圳既是中国与世界之间的重要节点城市，又联同香港共同打造港深国际都会，并与所依托的"珠三角"都市区共同发展成为"亚太地区最具活力和国际竞争力的城市群"（谭刚，2009）。

而在深圳的城市定位中，"创新型城市"一直被摆在核心位置，深圳也成为中国创新环境最好、创新能力最强的城市之一，涌现出大量具有世界影响力的创新型企业，如华为、腾讯、中兴等。2015年，中共深圳市第六次代表大会首次提出"建成现代化国际化创新型城市"的新概念，并指出努力将深圳打造成为国际创客中心、创业之都、创投之都的发展目标。

四、"一带一路"沿线重要节点城市的战略定位

（一）重庆："一带一路"和长江经济带"Y"字形大通道的联结点

重庆是西南地区唯一的直辖市、国家级中心城市，《重庆市城市总体规划（2007～2020）》对重庆有五大定位：中国重要的中心城市之一，国家历史文化名城，长江上游地区经济中心，国家重要的现代制造业基地，西南地区综合交通枢纽。2010年，在城乡建设部编制的《全国城镇体系规划》中，重庆与北京、天津、上海、广州一起，被确定为国家五大中心城市。2013年年底，国务院同意重庆作为内陆铁路口岸试点城市，加之重庆团结村铁路集装箱中心站作为铁路口岸对外开放，重庆成为中国西部内陆地区唯一对外开放的铁路口岸。

此外，重庆处于"一带一路"和长江经济带"Y"字形大通道的联结点上，贯彻落实好国家"一带一路"战略和建设长江经济带，是重庆大发展的战略新机遇和新使命。2014年，重庆发布了《关于贯彻落实国家"一带一路"战略和建设长江经济带的实施意见》，明确了重庆的战略定位，即"丝绸之路"经济带的重要战略支点、长江经济带的西部中心枢纽、海上"丝绸之路"的经济腹地。

(二) 成都："一带一路"和"长江经济带"的战略交汇点

《成都市城市总体规划 (2011~2020)》将成都定位于国家实施"西部大开发"的主要战略基地，并提出将成都打造成为世界生态田园城市。2015年，全国"两会"上，成都提出了从国家规划层面支持成都、重庆、西安、昆明构建成渝西昆"菱形 (钻石) 经济圈"的建议。建成"菱形经济圈"的意义在于：第一，有利于更好地实现"一带一路"战略和"长江经济带"战略的互联互通，紧密联系，发挥区域优势，推动西部地区更好发展，形成中国新的区域经济增长极；第二，有利于打造国家区域经济协调发展新的战略平台，推动东、中、西部更好地均衡协同发展。

成都享有"天府之城"的美誉，又处于"一带一路"和"长江经济带"的战略交汇点，拥有长江中游城市群和成渝城市群的广阔腹地支撑，区位优势得天独厚。目前，成都已经成为中国重要的高新技术产业基地、现代制造业基地、现代服务业基地和现代农业基地，吸引了世界500强企业中的262家入驻，地区生产总值突破万亿元，进一步从西部内陆城市转变为向西和向南对外开放的支点城市，有力拓展了经济发展的空间和腹地。[①]

---

① 资料来源："一带一路"助力蓉城出海. 网易新闻，2015.04.23。

（三）武汉：区域中心—国家中心—世界城市"三步走"战略

2013 年，武汉发布了《武汉 2049 战略规划》，提出了武汉从区域中心到国家中心、再到培育世界城市的"三步走"路线图。到 2020 年之前，重点打造中部地区的中心城市，这一阶段，武汉的城市核心职能是现代物流、贸易、高端制造等高端生产相关职能，其次，为创新、国内交通门户等职能。2030 年之前，武汉进入国家中心城市的成熟阶段，这一时期，武汉的职能重心向技术创新、区域金融中心、亚太总部集聚、亚太交通门户等核心生产服务职能转变，同时兼顾贸易、现代物流与高端制造功能的整体提升。2049 年之前，武汉进入世界城市培育阶段，武汉的核心职能开始朝向更为可持续发展的软实力，核心职能在于文化集聚度、国际交通门户、国际企业总部以及金融创新等。

武汉是全国性铁路枢纽和长江中游航运中心，同时也是"中三角"城市群的核心城市，在"一带一路"和长江经济带建设中具有重要的战略地位。随着"汉新欧"国际商贸物流大通道合作机制的建立和完善，武汉日益成为中国"丝绸之路"经济带上最重要的节点城市和全国最大的货运集散地。

（四）青岛："一带一路"海上战略支点

《青岛市城市总体规划（2011～2020）》明确青岛的城市性质是：国家沿海重要中心城市与蓝色经济领军城市，国际性的港口与滨海度假旅游城市，国家历史文化名城。从国际职能来看，青岛要打造海洋经济国际合作先导区、东北亚国际航运物流中心、滨海度假旅游目的地；从国家职能来看，青岛要打造国家蓝色经济示范区（海洋科技自主创新领航区、军民融合创新示范区、深远海开发战略保障基地、陆海统筹发展示范区）、国家海洋科技城、综合交通枢纽；从区域职能来看，青岛是东亚海洋合作平台；"一带一路"

海上战略支点；沿黄河流域主要出海通道和"亚欧大陆桥"东部重要端点；山东半岛蓝色经济区核心城市、金融商贸与财富管理中心、高端产业集聚中心。2011年，颁布的《全国主体功能区规划》也强调了青岛的航运中心功能，积极发展海洋经济、旅游经济、港口经济和高新技术产业，增强青岛辐射带动能力和国际化程度，将青岛建设成为区域性经济中心和国际化城市。

（五）厦门：21世纪海上"丝绸之路"建设的"排头兵"和主力军

《厦门市城市总体规划2010~2020》明确厦门的城市性质是：中国经济特区，东南沿海重要的中心城市、港口及风景旅游城市。厦门的城市发展目标是：建设国际知名的花园城市、美丽中国的典范城市、两岸交流的窗口城市、闽南地区的中心城市和温馨包容的幸福城市。2015年3月，国务院颁布的《推动共建"丝绸之路"经济带和21世纪海上"丝绸之路"的远景与行动》明确指出，福建是21世纪海上"丝绸之路"核心区，而厦门则与上海在内的15个城市一起被确定为"一带一路"战略重点建设的沿海城市港口，成为21世纪海上"丝绸之路"建设的"排头兵"和主力军。

第二节　国内主要城市战略定位比较与"竞合关系"：基于金融、科创、交通、投资贸易维度的分析

通过对比20世纪60年代以来最具代表性的全球城市理论，可以发现全球城市有四个明显的共同特征：（1）全球金融中心；（2）跨国公司集聚地（投资贸易枢纽）；（3）全球科技创新中心；（4）世界交通枢纽。依据全球城市的四大共同特征，我们从金融中心、科创中

心、交通枢纽和投资贸易枢纽四大维度对国内主要城市的战略定位进行了分类，见表3.2，在此基础上，可以对国内主要城市战略定位的一致性和差异性进行分析。

表3. 2　　　　　四大维度下国内主要城市的战略定位对比

	国际级（全球定位）	国家级（区域定位）
金融中心	上海、深圳	重庆、南京、杭州、青岛 天津、武汉、广州
科创中心	上海、北京、深圳	重庆、南京、杭州 苏州、成都、武汉 天津、广州、厦门
交通枢纽	上海、天津 深圳、广州	重庆、武汉、南京 成都、厦门、青岛
投资贸易枢纽（中心）	上海、深圳 杭州、广州	重庆、武汉、厦门 成都、青岛

资料来源：本表整理的城市战略定位主要来自于公开发布的《全国主体功能区规划》《长江三角洲地区区域规划（2010）》《"京津冀"协同发展纲要（2015）》、各城市最新的城市总体规划，以及一些公开的具有重要影响的地方政府文件。

一、金融维度下国内主要城市的战略定位与"竞合关系"

国际金融中心，是指聚集了大量金融机构和相关服务产业，全面集中地开展国际资本借贷、债券发行、外汇交易、保险等金融服务业的城市或地区。它能够提供最便捷的国际融资服务、最有效的国际支付清算系统、最活跃的国际金融交易场所。金融市场齐全、服务业高度密集、对周边地区甚至全球具有辐射影响力，是国际金融中心的基本特征。[①]　目前，全球公认的国际金融中心有伦敦、纽约、香港、东京等。

———————————

① 资料来源：百度百科中"国际金融中心"词目。

在国内三大都市圈的主要城市中，明确提出建设金融中心战略目标的有上海、深圳、天津、南京、杭州和广州。其中，上海和深圳定位于建设国际金融中心，天津、南京、杭州和广州则定位于建设区域性金融中心，如表3.3所示。

表3.3　　　　金融维度下三大都市圈主要城市的战略定位

城市	战略定位
上海	国际金融中心
南京	区域性金融中心
杭州	区域性金融服务中心
天津	国家金融创新运营示范区
深圳	国际性金融中心
广州	区域金融中心

从中国金融中心的发展现状来看，上述六座城市在目前中国金融中心的发展排名中也位居前列，这一点可以从《中国金融中心指数报告》中得以验证。《中国金融中心指数报告》（简称CDI CFCI）使用了4级85个客观指标对31个中国金融中心竞争力进行了全面评价，包括综合竞争力评价以及金融产业绩效、金融机构实力、金融市场规模和金融生态环境四个分项竞争力。根据2015年9月最新发布的《中国金融中心指数报告（第七期）》显示，上海、北京、深圳三个全国性金融中心遥遥领先，而且发展优势越来越明显。在最新一期的《全球金融中心指数（第18期）》（简称GFCI18）中，上海、深圳、北京分列全球金融中心指数排名的第21位、23位和29位。而广州、天津、杭州和南京作为区域性金融中心，也呈现出稳步上升的发展态势。尤其是杭州和南京，发展水平不相上下，呈现出区域内的高水平竞争，见表3.4。

表 3.4　　　　2015 年第七期中国金融中心指数得分（CDI CFCI）

排名	金融中心	综合竞争力	金融产业绩效	金融机构实力	金融市场规模	金融生态环境	备注
1	上海	195.14	118.18	188.93	345.90	117.86	全国第一
2	北京	148.12	129.27	264.80	30.75	141.62	全国第二
3	深圳	87.62	77.82	108.03	54.49	108.44	全国第三
4	广州	51.46	56.21	55.73	0.09	99.30	南部沿海地区第一
5	天津	43.40	68.67	37.12	0.78	72.48	北部沿海地区第一
7	杭州	40.76	58.40	39.70	0.03	71.61	东部沿海地区第一
9	南京	38.82	51.74	38.86	0.02	71.56	东部沿海地区第二

资料来源：中国金融中心指数报告（第七期）. 综合开发研究院（中国·深圳）课题组，2015.09.

　　上海、深圳、广州、天津、杭州和南京六座城市都具备发展金融中心的良好基础，又都基于自身的发展条件提出了相应的战略目标。那么，这六座城市在金融中心的建设目标上存在怎样的竞合关系呢？尤其是对于上海建设国际金融中心而言，其他城市的战略定位又会对上海带来怎样的影响呢？首先，从目前的发展水平和未来的战略取向来看，上海、深圳、北京在金融中心的建设上是属于第一层级的，三者都具备建设国际金融中心的潜力。但是，北京在面向未来的城市战略规划中更加强调自身作为首都的政治文化中心、国际交流中心、科技创新中心的功能，并没有提出国际金融中心的发展目标。所以，未来上海和深圳将成为中国建设国际金融中心的两个"尖兵"，北京将主要作为中国金融的决策监管中心。

　　综上所述，金融维度下，上海与三大都市圈内主要城市间的竞合关系和相互影响应该把握三个关键点。第一，是上海与深圳在国际金融中心建设上的竞争与合作；第二，是上海与区域金融中心的协同发展；第三，是上海国际金融中心的建设，也必须置身于中国三大金融圈的发展之中。

　　其次，广州、天津、杭州和南京都定位于建设区域性金融中心，是中国第二层级的金融中心城市。一方面，它们是本地区第一层级金融中心建设的区域支撑；另一方面，它们也将受到第一层级金融中心的辐射带动作用，加快自身的发展。尤其对于天津来说，在"京津冀"协同发展的战略背景下，北京将主要的"非首都"职能转移到了天津，因此天津在区域金融中心的建设上将会获得更多的支持。

　　第三，目前，中国金融发展事实上已经形成了三个区域金融圈：以沪宁杭为核心的"长三角"金融圈，以京津为核心的环渤海金融圈，以深广为核心的"珠三角"金融圈，见图3.1。数据显示，截至2014年4月末，三个金融圈存款余额占31个省区市存款余额的59%，贷款余额占31个省区市贷款余额的57%，建设好这三个金融圈，对中国金融改革发展具有重要的示范性意义。①

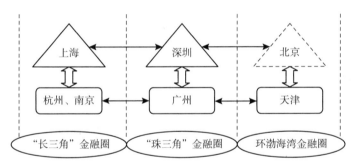

图3.1　金融维度下上海与三大都市圈主要城市间的竞合关系

二、科技创新维度下国内主要城市的战略定位与"竞合关系"

　　全球科技创新中心，是指科技创新资源密集、科技创新活动集中、科技创新实力雄厚、科技成果辐射范围广阔、在全球创新网络体系中处于枢纽地位和发挥引擎作用的城市或地区（上海市人民政

――――――――――

　　① 数据来自：王景武.战略思维推动"大珠三角"金融圈建设.金融时报，2014.08.04.

府发展研究中心课题组，2015）。目前，全球性的科技创新中心主要有纽约、伦敦、美国"硅谷"等。

　　在国际经济复苏乏力，国内经济处于"新常态"的背景下，以创新驱动发展，建设具有全球影响力的科技创新中心，已经成为中国一项重要的国家战略。北京、上海相继提出建设全球科创中心的发展目标；深圳也进一步明确了现代化国际性创新型城市的战略地位；杭州、天津、重庆等国内主要城市也相继提出将科技创新作为城市发展的内生动力，依据自身优势，制定了面向未来的创新城市发展规划。2009年以来，中国先后部署了十个国家自主创新示范区，这十座城市或地区代表着中国科技创新的最强力量，也在中国科创中心的建设中发挥着先锋作用。目前，在"长三角"都市圈内分布着三个国家自主创新示范区，分别是2011年9月设立的上海张江国家自主创新示范区；2014年10月设立的苏南国家自主创新示范区，这是中国首个以城市群为基本单元的国家自主创新示范区，横跨了南京、无锡、常州、苏州、镇江5个国家创新型试点城市；2015年9月，设立杭州国家自主创新示范区。

表3.5　　　　三大都市圈主要城市建设科创中心的战略定位、
　　　　　　　　　主要功能及发展目标

	城市	战略定位、主要功能及发展目标
"长三角"创新圈	上海	1. 战略定位：全球科技创新中心。 2. 主要功能：创意思想和先进技术的生产者，前沿科技的引领者，创新活动的组织者，创新成果的转化者，创新产业的打造者。 3. 发展目标：建设成为世界创新人才、科技要素和高新科技企业集聚度高，创新创造创意成果多，科技创新基础设施和服务体系完善的综合性开放型科技创新中心；成为全球创新网络的重要枢纽和国际性重大科学发展、原创技术和高新科技产业的重要策源地之一；跻身全球重要的创新城市行列。

续表

	城市	战略定位、主要功能及发展目标
"长三角"创新圈	南京	1. 战略定位：国家创新型城市、先进制造业基地。 2. 主要功能：新型创业服务平台、产业科技创新中心、创新型经济发展高地。 3. 发展目标：构建具有国际竞争力的现代产业体系，打造"长三角"地区先进制造业中心，打造全国一流的现代农业集聚区，打造具有国际影响力的产业创新中心。
	苏州	1. 战略定位：国家创新型城市。 2. 主要功能：实现科技与产业融合，发展创新型经济。 3. 发展目标：依托云计算、大数据、物联网等应用，推动工业化和信息化深度融合；助推苏州生产性制造向服务型制造、高端化智造的转型，使"制造业+互联网"的新经济业态成为牵引苏州产业转型的新动力。
	杭州	1. 战略定位：国家创新型城市、全国文化创意中心、国家自主创新示范区。 2. 主要功能：创新创业中心、发展创新型经济。 3. 发展目标：打造具有全球影响力的"互联网+"创新创业中心，努力把杭州国家自主创新示范区建设成为创新驱动转型升级示范区、互联网大众创业示范区、科技体制改革先行区、全球电子商务引领区、信息经济国际竞争先导区。
"京津冀"创新圈	北京	1. 战略定位：全国科技创新中心。 2. 主要功能：自主创新和原始创新的策源地，技术创新总部基地，科技成果交易核心区、全球高端创新中心及创新人才聚集中心。 3. 发展目标：构建"高精尖"的经济结构；强化北京技术市场的桥梁和纽带作用；建设具有国际影响力的国际技术转移枢纽；跨国公司的研发中心和地区研发总部的集聚地等。
	天津	1. 战略定位：全国先进制造研发基地、全国自主创新示范区。 2. 主要功能：提高应用研究与工程化技术研发转化能力，创新主体集聚区，产业发展先导区，转型升级引领区，开放创新示范区。 3. 发展目标：建设成为具有国际影响力的产业创新中心、高水平现代化制造业研发转化基地和科技型中小企业创新创业示范区；建设成为国家区域创新中心。

续表

城市		战略定位、主要功能及发展目标
"珠三角"创新圈	深圳	1. 战略定位：现代化国际化创新型城市。 2. 主要功能：产业创新中心、创新创业高地、开放创新前沿。 3. 发展目标：打造国际创客中心、创业之都、创投之都；到 2020 年，率先形成符合创新驱动发展的体制机制，建成一批具有国际先进水平的重大科技基础设施，掌握一批事关国家竞争力的核心技术，推动建立一批产业标准联盟，聚集一批具有世界水平的科学家和研究团队，拥有一批世界知名的科研机构、高等院校和骨干企业，科技支撑引领经济社会发展能力大幅提升。
	广州	1. 战略定位：国家创新型城市、区域科技创新中心。 2. 主要功能：在"珠三角"地区的企业创新主体、创新环境、科技成果转化、创新平台服务、科技企业孵化器、科技金融产业融合中发挥引领作用。 3. 发展目标：发挥区域创新发展的"龙头"带动作用，连同珠海、佛山、惠州、东莞、中山、江门、肇庆市等 7 市共同创建"珠三角"国家自主创新示范区。

资料来源：相关城市的城市规划、政策文件和公开媒体报道，并由作者整理而得。

三个国家自主创新示范区覆盖了"长三角"都市圈的核心区域，由此可见，"长三角"都市圈已成为中国区域创新实力最为雄厚的地区。"京津冀"都市圈内分布着两个国家自主创新示范区，分别是 2009 年 3 月成立的北京中关村国家自主创新示范区和 2014 年 12 月成立的天津国家自主创新示范区。"珠三角"都市圈内有一个国家自主创新示范区，是 2014 年 6 月成立的深圳国家自主创新示范区，是十八大后中国第一个以城市为基本单位的国家自主创新示范区。

尽管都提出了要建设科技创新型城市，但是，上海、北京、深圳、天津、广州、南京、苏州和杭州的发展目标还存在诸多差异，主要体现在战略定位不同、禀赋优势不同以及发展目标不同。

从战略定位来看，上海、北京和深圳的战略定位是建设成为"具有全球影响力的开放式综合型科技创新中心，形成全球科技创新的核心节点和全球科技创新资源配置的重要平台"，这一定位突出了四个核心特征：即全球性、综合型、核心节点、平台功能。而天津、广州、南京、苏州、杭州等城市的战略定位，主要是建设成为国家级、区域型的创新创业中心。

所以，从战略定位来看，上海、北京和深圳与杭州、南京、苏州等城市形成了明显的层级关系，北京、上海、深圳三城主要扮演连通世界的角色，是全球科技创新资源的综合枢纽体；而其他城市则发挥着整合区域创新资源的重要作用，共同组成了三大城市建设全球科创中心的区域支撑。

从禀赋优势来看，北京、上海、深圳分别是所在都市圈内国际化程度最高，高端人才、一流大学和科研机构最为密集，产业水平最为发达，金融服务实力最为雄厚的城市。基于这样的比较优势，决定了三者建设全球科创中心，绝不仅是建设成为一个创新创业的中心，绝不仅是实现创新与产业的融合，进而打造创新型经济，绝不仅是创新资源的应用者。北京、上海和深圳必须同时成为创意思想和先进技术的生产者，创新活动的组织者，创新成果的转化者，创新产业的打造者。而对于杭州、南京、苏州、天津、广州来说，同时实现这些功能是不具有比较优势的，它们必须依据自身当前的发展优势来定位自己创新型城市的主要功能。

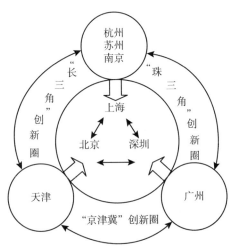

图 3.2　科技创新维度下上海与三大都市圈主要城市的竞合关系

从发展目标来看，由于禀赋优势不同，也就决定了上海、北京和深圳与杭州、苏州、南京等城市在建设科创中心的道路上有着不同的发展目标，如表3.5所示。此外，几大城市不仅在城市层面确定了自身的发展目标，而且在区域协同发展战略的大背景下，也都确立了区域科创中心的发展目标。目前，中国基本形成了以上海为"龙头"，杭州、苏州、南京为核心的"长三角"创新圈；以北京为"龙头"，天津为核心的"京津冀"创新圈；以深圳为"龙头"，以广州为核心的"珠三角"创新圈。因此，在一些重要的区域发展规划和会议上，主要城市都对区域协同创新发展做出了明确部署，如《京津冀协同发展规划纲要》《推进珠江三角洲地区科技创新一体化行动计划（2014~2020年）》、"长三角"区域创新体系建设联席会议工作会议（2015）等。

综上所述，科技创新维度下，上海与三大都市圈内主要城市间的竞合关系和相互影响也应该把握三个关键点，如图3.2所示。第一，是上海、北京和深圳在全球科技创新中心建设上的竞争与合作；第二，是上海与区域科创中心（杭州、苏州和南京）的协同发展，以及不同区域科创中心之间的竞争与合作；第三，是上海全球科创中心的建设，也必须置身于中国三大创新圈的发展之中。

三、交通枢纽维度下国内主要城市战略定位与"竞合关系"

交通在世界文明的发展进程中起到了重要作用，它不仅是运送人流、物流的重要通道，更是城市之间相互联系的重要纽带。在全球工业化和城市化发展的浪潮之下，港口、公路、铁路、高速铁路和航空枢纽城市迅速崛起，成为区域中心城市，并沿着重要交通线集结形成城市群。而一个综合交通枢纽的功能主要体现在以下三个方面：一是，为区域内部和区域对外的人员及物资交流提供集散和中转服务；二是，实现不同方向和不同运输方式间客货运输的连续性；三是，作为运输网络上的结点，集各种运输信息、设备和组织管理于一体，吸引大量的客货流，是交通运输产业发展的重要支撑（倪鹏飞，2015）。目前，国际性交通枢纽主要包括以大型港口为依托的国际航运中心，如，鹿特丹、汉堡、釜山等；以大型航空港为依托的国际航空枢纽，如，巴黎、法兰克福等；以及集两者于一身的综合性国际交通枢纽，如，伦敦、纽约、中国香港特区等。

目前，在国内三大都市圈的主要城市中，明确提出建设国际性或区域性交通枢纽战略的有上海、天津、深圳、广州和南京，见表3.6。其中，上海、广州定位于建设国际航运中心，并进一步成为集国际航运中心和国际航空枢纽于一体的综合性的国际交通枢纽；天津和深圳定位于建设国际航运中心；南京定位于建成长江下游综合交通枢纽。

表 3.6   交通枢纽维度下三大都市圈主要城市的战略定位

城市	战略定位
上海	国际航运中心、综合性国际交通枢纽
天津	北方国际航运核心区
深圳	与香港特区共建国际航运中心
广州	国际航运中心、国际航空枢纽、华南交通枢纽
南京	长江航运物流中心和综合运输枢纽

从功能定位来看，实际上可以把五座城市分为两类，一类是航运中心，一类是综合性交通枢纽。从中国航运中心的发展现状来看，2014年全球十大港口（以集装箱吞吐量为标准）中，中国占据了7席，如表3.7所示。其中，上海港为世界第一大集装箱港口，深圳港为世界第三大集装箱港口，充分显示了中国在全球航运贸易中的枢纽地位。

表3.7 2014年全球十大港口集装箱吞吐量排名（万吨）

排名	港口	吞吐量	增长率
1	中国上海港	3529	4.98%
2	新加坡港	3386.9	3.96%
3	中国深圳港	2396	2.93%
4	中国香港港	2227	-0.08%
5	中国宁波-舟山港	1945	12.1%
6	韩国釜山港	1867.8	5.67%
7	中国广州港	1660	8.43%
8	中国青岛港	1658	6.83%
9	阿拉伯联合酋长国迪拜港	1525	13.7%
10	中国天津港	1405	8.08%

资料来源：上海国际航运研究中心（中国航运数据库）。

据《新华·波罗的海国际航运中心发展指数（2015）》和《上海国际航运中心建设蓝皮书（2015）》显示，新加坡、伦敦、香港、鹿特丹、汉堡、上海、迪拜、纽约、釜山、雅典等港口位列国际航运中心的前10位，其中，上海位居第6位。此外，青岛、宁波-舟山、天津、广州、大连、深圳、厦门也跻身国际航运中心的行列。

表3.8 2014年中国民航机场吞吐量排名（国内主要城市）

机场	旅客吞吐量（万人）			货邮吞吐量（万吨）			起降架次（次）		
	排名	本期完成	增长率	排名	本期完成	增长率	排名	本期完成	增长率
北京/首都	1	8612.83	2.9%	2	184.83	0.2%	1	581952	2.5%
广州/白云	2	5478.03	4.4%	3	145.40	11.0%	2	412210	4.5%
上海/浦东	3	5168.79	9.5%	1	318.17	8.6%	3	402105	8.3%
上海/虹桥	4	3797.11	6.7%	6	43.22	-0.7%	7	253325	3.9%
成都/双流	5	3767.52	12.6%	5	54.50	8.7%	6	270054	7.8%
深圳/宝安	6	3627.27	12.4%	4	96.39	5.5%	4	286346	11.2%
重庆/江北	8	2926.44	15.8%	12	30.23	7.9%	9	238085	11.0%

续表

机场	旅客吞吐量（万人）			货邮吞吐量（万吨）			起降架次（次）		
	排名	本期完成	增长率	排名	本期完成	增长率	排名	本期完成	增长率
杭州/萧山	10	2552.29	15.4%	7	39.86	8.3%	11	213268	11.9%
厦门/高崎	11	2086.38	5.6%	10	30.64	2.3%	12	174315	4.5%
武汉/天河	13	1727.71	10.0%	17	14.30	10.5%	13	157596	6.1%
青岛/流亭	14	1641.18	13.1%	14	20.44	9.8%	18	142452	9.8%
南京/禄口	16	1628.38	8.5%	11	30.43	19.0%	16	144278	6.9%
天津/滨海	24	1207.30	20.3%	13	23.34	8.8%	21	114557	13.7%

资料来源：中国民航局：《2014年全国机场生产统计公报》。

从国内航空枢纽的发展现状来看，北京首都国际机场依然是国内最为繁忙的航空港，年旅客吞吐量达到8612.83万人次，遥遥领先于其他机场。但是，从综合实力来看，上海拥有两个世界级的国际航空港，其中，上海浦东国际机场的货邮吞吐量位居全国第一，而且领先优势明显，并保持了良好的增长势头。此外，"珠三角"都市圈内的广州白云机场和深圳宝安机场，"长三角"都市圈内的杭州萧山机场也都进入中国前十大机场之列，如表3.8所示。综合对比来看，上海、天津、深圳、广州、南京五座城市中，上海依然是中国综合竞争力最强的航空枢纽，也是最为重要的国际航空枢纽之一；广州、深圳也已成为中国重要的航空枢纽；天津、南京是重要的国内区域性航空枢纽。

综上所述，交通枢纽维度下，上海与三大都市圈内主要城市间的竞合关系和相互影响应该把握三个关键点，如图3.3所示。第一，上海与广州在综合性国际交通枢纽建设上的竞争与合作。第二，上海与区域性交通枢纽（宁波－舟山国际航运中心、南京内河航运中心）的协同发展，以及不同区域交通枢纽之间的竞争与合作。尤其是在"京津冀"协同发展的战略背景下，天津也会在更大程度上分担北京作为国际航空枢纽的职能。因此，在未来，天津也有可能成为中国北方的综合性国际交通枢纽。第三，在未来，中国可能会形成三大区域性国际综合交通枢纽，即以上海为龙头，以南京、宁波 - 舟山为核心的东部综合性国际交通枢纽；以广州为龙头，以深圳为核心的南方综合性国际交通枢纽；以天津为核心的北方综合性国际交通枢纽。

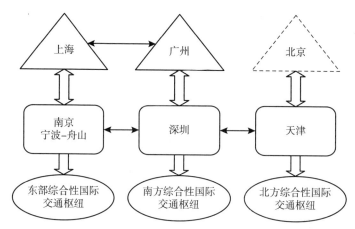

图 3.3　交通枢纽维度下上海与三大都市圈主要城市的竞合关系

四、投资贸易维度下主要城市战略定位与"竞合关系"

现代国际贸易中心，是指以跨国公司和契约企业为主体，以中间产品贸易、转口贸易和离岸服务为重要贸易内容，以现代信息技术为手段，以高度自由化的贸易体制为基础，在世界城市贸易网络体系中起到中枢功能的城市（沈玉良，高耀松；2008）。国际投资中心，一般是指跨国公司的集聚地，是国际直接投资和国际间接投资高度发达的城市或地区。而国际投资贸易枢纽不是国际投资中心和国际贸易中心的简单综合体，而是投资、贸易、金融三者之间重要的纽带和平衡体。一方面，它通过金融市场和跨国公司使国际投资流和贸易流实现有序的循环和联系；另一方面，它作为一个平衡点，将国际投资中心、贸易中心和金融中心联系起来，使三者相互支撑、共同发展。目前，国际性的投资贸易枢纽主要有伦敦、纽约、东京、新加坡和中国香港。

在国内三大都市圈的主要城市中，上海、深圳、广州和杭州都提出了建设国际投资贸易中心的战略规划，但是目标定位有所不同。上海定位于建设国际贸易中心，并进一步成为全球的投资贸易枢纽；深圳定位于依托深港合作，与香港特别行政区共建国际贸易中心；广州定位于建设世界商贸中心；杭州则充分发挥自身在跨境电子商务方面的发展优势，定位于建设国际电子商务中心。

从四座城市的战略定位来看，见表3.9，这样的定位是与它们自身发展的比较优势相契合的。对于上海来说，上海是中国对外开放程度最高、投资贸易最为发达的城市。尤其是随着"四个中心"建设的不断推进，以及上海自贸区的建立和发展，上海将进一步成为中国对外开放的高地，全球投资贸易的枢纽，在全球城市网络中发挥重要的节点作用。按照弗里德曼（Fridmann）、萨森（Sassen）全球城市的基本观点，全球城市网络形成的首要角色或主体是跨国公司和大型全球服务公司，而不是城市本身（周振华，2008）。

表3.9　　　投资贸易维度下三大都市圈主要城市的战略定位

城市	战略定位
上海	国际贸易中心、国际投资贸易枢纽
深圳	与香港特别行政区共建国际贸易中心
广州	国际商贸中心
杭州	国际电子商务中心

根据上海市商务委员会的数据显示，截至2012年底，已有1000多家世界跨国公司落户上海，其中265家投资性公司、403家跨国公司地区总部，研发中心351个，95%以上地区总部具有两种以上的总部功能。2015年，美国《财富》杂志网站发布的500强企业最新排名显示，上海已拥有10家世界500强公司总部，61家

中国500强公司总部，如图3.4所示。虽然在跨国公司的数量和质量上，上海与伦敦、纽约、新加坡等全球城市还有一定差距，但是在国内主要城市中（除北京外）已确立了明显的优势。跨国公司云集、完善的配套设施和人才优势、发达的金融资本市场以及高度的对外开放水平，为上海建设国际投资贸易枢纽打下了坚实的基础。

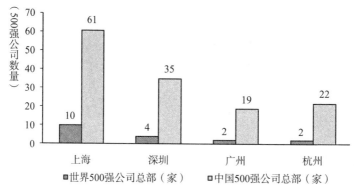

图3.4 2015年四大城市的世界500强公司总部和
中国500强公司总部数量对比

资料来源：财富中文网。

相对于上海而言，深圳、广州和杭州无论是从跨国公司的集聚程度，还是从自身的总部经济发展水平上，都尚不具备发展成为全球投资贸易枢纽的基础，见表3.10。但是，它们都在某一关键领域具备自身的比较优势，可以发展成为具有国际影响力的国际贸易中心。对于深圳来说，在地理区位上，它邻近香港地区，拥有深港合作的良好基础，又是中国改革开放的经济特区，具有一定的政策优势。同时，深圳市民营经济发达，拥有一大批走向世界的中国民营企业，如华为、腾讯、中兴等，这些都将成为深圳建设国际贸易中心的比较优势。

表 3.10　2013 年主要城市总部经济综合发展能力排名情况（前 10 名）

城市	综合实力		基础条件		商务设施		研发能力		专业服务		政府服务		开放程度	
	得分	排名	得分	排名	得分	排名	得分	排名	得分	排名	得分	排名	得分	排名
北京	88.99	1	84.33	1	95.94	1	87.57	1	99.98	1	85.86	3	84.71	2
上海	86.11	2	80.96	2	95.08	2	82.11	2	94.82	2	91.11	1	83.34	3
广州	77.53	3	77.04	4	88.99	3	64.19	6	79.56	3	90.91	2	77.22	4
深圳	76.55	4	79.37	3	58.39	9	75.98	3	72.23	4	82.77	4	86.98	1
杭州	67.09	5	66.02	5	68.08	5	72.10	5	63.84	5	76.00	7	57.92	8
南京	59.72	6	58.64	7	51.89	10	73.99	4	49.47	9	67.66	10	55.92	12
天津	57.61	7	60.01	6	62.44	6	62.27	7	58.42	7	26.83	27	62.99	6
武汉	55.37	8	53.70	8	49.20	13	61.35	8	47.12	10	82.00	6	46.11	14
成都	53.41	9	54.45	10	59.10	8	45.21	15	56.65	8	65.07	11	57.76	9
宁波	52.68	10	47.23	15	60.20	7	58.48	9	46.45	11	63.14	12	57.36	10

资料来源：赵弢．《中国总部经济发展报告（2013～2014）》，社会科学文献出版社 2014 年。

对于广州来说，自古以来就是中国的商贸中心，拥有深厚的商贸文化根基。创办于 1957 年的"广交会"是中国目前历史最长、层次最高、规模最大、商品种类最全、到会客商最多、成交效果最好的综合性国际贸易盛会。再加上广州自贸区的设立，以及"一带一路"战略的影响，广州将在建设世界商贸中心的道路上具备更多的优势。对于杭州来说，它是典型的信息经济时代下发展起来的新型国际商贸中心。作为阿里巴巴的诞生地，杭州也因此成为世界电商产业的主要发源地之一。近年来，杭州率先在全国试水跨境电商，创建国家跨境电子商务综合试验区，使杭州电子商务的全球辐射力和影响力不断提升。随着信息经济的深入发展，以及大数据、云计算等高端技术的不断产业化，未来，国际电子商务中心将成为全球城市新的竞争高地。

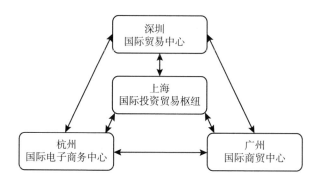

图 3.5　投资贸易维度下上海与三大都市圈主要城市的竞合关系

综上所述，投资贸易维度下，上海与三大都市圈内主要城市间的竞合关系和相互影响应该把握三个关键点，如图 3.5 所示。第一，在上海、深圳、广州和杭州这四座城市间，可能会形成上海为龙头，其他三座城市为核心的城市竞争格局。上海要利用自身综合竞争优势建设成为全球投资贸易枢纽，而其他三座城市则充分发挥自身的比较优势，建设具有特色的国际贸易中心。第二，上海与这三座城市之间有着广泛的合作空间和协同发展的基础。例如，上海在跨境电子商务方面与杭州的合作，在中小企业和创新型企业发展方面与深圳的合作，在国际商贸往来上与广州的合作。第三，国际投资贸易离不开广阔的腹地支撑，所以从区域发展来看，未来"长三角"和"珠三角"将成为中国主要的国际投资贸易区域。上海建设国际投资贸易枢纽，应充分立足于"长三角"城市间的协同发展，在跨国公司布局、产业结构调整、产业链升级等方面实现合作共赢。

五、"一带一路"沿线重要节点城市的战略定位与"竞合关系"

（一）四大维度下"一带一路"沿线重要节点城市的战略定位

实施"一带一路"战略，是新形势下推进国内各区域平衡与科学发展的重要举措。"一带一路"对中国区域经济大发展具有重大意义。一方面，在继续支持"西部大开发"、东北老工业基地全面振兴的基础上，以海陆重点口岸为支点，形成与沿海连接的西南、中南、东北、西北等经济支撑带；另一方面，支持东部地区率先发展，推进"长三角"地区经济一体化，深化"泛珠三角"区域经济合作，加强环渤海及"京津冀"地区协同发展，完善差别化的区域发展政策，引导产业由东向西梯度转移，在交通一体化、生态环保、产业升级转移等方面率先取得实质性突破（上海市人民政府发展研究中心课题组，2015）。

表 3.11　四大维度下"一带一路"沿线重要节点城市的战略定位

城市	战略定位			
	金融维度	科技创新维度	交通枢纽维度	投资贸易维度
上海	国际金融中心	全球科技创新中心	国际航运中心、综合性国际交通枢纽	国际贸易中心、全球投资贸易枢纽
重庆	长江上游金融中心	长江上游科教中心	国家级物流中心；西部通讯信息中心；长江上游航运中心；西部枢纽机场	铁路保税物流中心、西部进口整车国际展示交易中心、内陆国际邮件互换中心
成都	西部地区重要的金融中心	国家自主创新示范区；西部地区科技创新的以高新技术为先导、以现代制造业为基础的新型工业基地	国际区域性交通枢纽、通信枢纽；"丝绸之路"战略资源综合运输枢纽	西部物流商贸中心；面向亚欧的国际物流贸易枢纽；内陆开放型经济高地
武汉	区域金融中心	2020年：东湖国家自主创新示范区基本建成具有全球影响力的科技创新中心；2030年：建成国家创新中心；2049年：建成世界级大学之城，成为全球重要的科技创新高端要素配置中心、全球影响力的科技创新中心	全国性铁路枢纽；长江中游航运中心；2049年，建设成为中国中部的航空与高铁枢纽和国际交通门户	依托"汉新欧"国际商贸物流大通道成为中国"丝绸之路"经济带的重要节点城市和全国最大的货运集散地；国家贸易中心；亚太企业、国际企业总部集聚区
厦门	两岸区域性金融服务中心	创新型城市、具有国际竞争力的海西科技创新中心	具有全球航运资源配置能力的亚太地区重要的集装箱枢纽港	立足大陆、面向亚太的区域性国际贸易中心
青岛	国内领先、面向国际的新型财富管理中心	大力发展海洋科技创新，打造国际化海洋大数据中心	国际性港口、东北亚国际航运物流中心	2020年，基本建成东北亚区域性国际贸易中心城市

资料来源：相关城市的城市规划、政策文件和公开媒体报道，并由作者整理而得。

　　随着"一带一路"战略的逐步展开，"一带一路"沿线的许多城市也被赋予了重要的战略定位。其中，西安被定位为"内陆型改革开放新高地";① 重庆被定位为"西部开发开放重要支撑";② 成都、郑州、武汉、南昌、长沙、合肥六座城市被定位为"内陆开放型经济高地",这八座城市一起构成了"一带一路"战略的八个内陆"高地"。此外,"一带一路"战略还重点部署了上海、天津等15个沿海重要港口,这些城市组成了"21世纪海上丝绸之路"建设的"排头兵"和主力军。

在这23座城市中,重庆、成都、武汉、厦门和青岛因其特殊的地理区位,原本的发展优势和全面的战略定位,而显得尤为重要,未来势必会成为对上海建设全球城市产生重要影响的城市变量。如表3.11中从金融、科技创新、交通枢纽和投资贸易四个维度对重庆、成都、武汉、厦门和青岛的战略定位进行了总结,可以看出五座城市在四大领域都提出了明确的发展目标。尤其是重庆、成都和武汉,依靠长江中游城市群的腹地支撑,再加上"长江经济带"和"丝绸之路经济带"的战略支持,其"枢纽"地位也逐渐显现。

(二) "一带一路"沿线主要节点城市的战略定位对上海的影响

从五个"一带一路"沿线重要节点城市的战略定位来看,可能对上海建设全球城市产生重要影响的发展战略主要集中在科技创新、交通枢纽和投资贸易三个维度。而在金融维度,这些城市主要定位于建设区域金融中心或省域金融中心,与上海的战略定位仍有一定差距。所以,我们主要从交通枢纽、投资贸易、科技创新三个维度分析"一带一路"沿线主要节点城市的战略定位对上海的影响。

---

① 人民网,"一带一路"打造西安内陆型改革开放新高地,2015年3月29日,http://sn.people.com.cn/n/2015/0329/c190223-24312305-2.html。

② 新华网,"把握国家建设"两带一路"战略机遇扩大重庆向东向西对内对外开放",http://www.cq-Xin huanet.com/2014-06/09/c-1111045312.htm。

1. 交通枢纽维度：铁路架起横跨欧亚的国际贸易大通道

过去，中欧之间的陆上铁路运输由于跨越国家多，国与国之间安检繁复、标准不一、协调困难，而难以成为一条有效的贸易通道。而随着"丝绸之路经济带"战略的实施，沿线国家在贸易融通上开展广泛合作，使得中欧之间的铁路运输变得更加便利，横跨欧亚的陆上国际贸易大通道开始在中欧贸易中扮演日益重要的角色。与此同时，欧亚陆上国际贸易大通道也使得重庆、成都、武汉等内陆交通枢纽的战略地位不断提升。目前，国内已经形成了几条比较重要的欧亚国际贸易大通道。例如，以重庆为起点的"渝新欧"国际贸易大通道，[①] 以武汉为起点的"汉新欧"国际商贸大通道，以义乌为起点的"义新欧"国际贸易大通道。

与空运相比，铁路运输更加便宜，与航运相比，铁路运输更加便捷，因而这些铁路运输通道已经在中欧贸易往来中发挥着越来越重要的作用。随着这些铁路运输通道的开通，"长三角"的对欧洲的运输方式也发生了改变，上海、杭州等地一些新的商客开始选择"义新欧"作为他们的主要运输方式。[②] 对于上海来说，作为"丝绸之路经济带"和"长江经济带"上重要的海上交通枢纽，需要在新的战略背景下重新思考自身与重庆、武汉等内陆交通枢纽之间的关系，找准自身的优势，更好地在"两带一路"（长江经济带、"丝绸之路"经济带和21世纪"海上丝绸之路"）战略中发挥节点城市的作用。

2. 投资贸易维度：内陆开放型经济高地的崛起

在"一带一路"的战略背景下，重庆、成都、武汉都提出要建设内陆开放型经济高地。以重庆为例，2014年重庆提出了创新服务贸易"1＋5"专项计划：即"渝新欧"铁路口岸建设运行和跨境

---

① 涂建军. 重庆："两带一路"的新引擎. 凤凰城市，2014.09.18；重庆市长黄奇帆讲述重庆的五个故事. 财经网，2015.06.15。

② 千年丝绸路重起义乌，万里义新欧贯通中欧. 东方早报，2015.09.28。

电子商务、保税商品展示交易、互联网云计算大数据产业、保税贸易、跨境结算和投融资便利化。① 现在，重庆已经成为全国对欧出口货物的主要集散地，和欧洲及中亚国家对华出口的中转站。与此同时，重庆在跨境电子商务、互联网云计算以及第三方支付等方面已初步形成产业链集群，为创新贸易服务方式奠定了坚实的基础。此外，在利用外资和对外投资方面，重庆也有了明显的进步，尤其是重庆的离岸金融结算已经初具规模。对于上海来说，内陆开放型经济高地的崛起既是机遇，又是挑战。一方面，重庆、成都、武汉等城市可能会与"长三角"城市群实现联动发展；另一方面，它们也会在吸引外资、对外贸易等方面与"长三角"都市圈的城市形成有力的竞争。

3. 科技创新维度：内陆科技创新中心的崛起

在世界银行研究报告《2030 年的中国：建设现代、和谐、有创造力的高收入社会》中，武汉与北京（IT 与软件服务）、上海（金融与工程服务）、深圳（物流与商业服务）、成都（航空）并列为"正在成为中国公认的知识与创新中心"城市。② 目前，武汉东湖和成都国家自主创新示范区都是国家自主创新示范区，武汉科技力量雄厚，云集了一批一流大学，具备成为科技创新中心的科研基础，而成都一直以来是中国高端制造业的重要基地，具备发展先进制造业的良好条件。武汉、成都等内陆科创中心，在未来也会成为中国科创中心版图上的重要一极。

综上所述，上海与"一带一路"沿线重要节点城市的竞合关系主要集中在交通枢纽、投资贸易、科技创新三个维度，尤其是重庆、成都、武汉等内陆中心城市会与上海形成较强的竞合关系。

---

① 紧扣国家战略，大手笔频出．国际商报，2015.01.14。
② 《武汉 2049》远景发展规划．武汉建设信息网，2013－11－28。

第三节 战略定位视角下上海与国内主要城市 "竞合关系" 的分类与特征分析

一、城市 "竞合关系" 与城市战略定位的内在联系

一座城市在确定未来的战略定位和发展规划时，通常会有三个不可忽视的影响变量，见图3.6。

一是，城市自身的禀赋优势。城市的禀赋优势包括一座城市的自然资源、地理区位、历史文化、制度环境、经济发展水平以及一些特殊的政策支持等。城市的禀赋优势决定了一座城市的竞争优势，而依据竞争优势制定城市的发展战略是城市实现可持续发展的重要前提。所以，城市禀赋优势是城市战略定位的基石。

二是，国家的发展战略。城市的战略定位除了需要考虑自身的优势所在之外，还要着眼于国家发展的全局，做到与国家的发展战略相得益彰。而在国家的发展战略中，区域发展战略又是直接影响城市战略定位的关键力量。对于城市而言，区域发展战略更加强调城市间的协同发展、联动发展，强调 "合作共赢" 而非 "各自为政"。2014年以来，国家推出的三大区域发展战略（ "一带一路"、"京津冀协同发展"、"长江经济带"）以及2015年年末召开 "中央城市工作会议"，都更加明确地强调了城市发展的协同性。所以，国家发展战略是影响城市战略定位的 "指挥棒"。

三是，城市间的竞合关系。城市禀赋优势明确了一座城市的核心竞争力，为确定城市战略定位奠定了基础；国家发展战略强调了城市间的协同发展，为城市战略定位引领了方向；而城市的核心竞争力和城市间的协同发展，又共同形成了城市间密不可分的竞合关系。城市间的竞争与合作不是割裂、静止的，而是相互影响、动态

发展的。一方面，不同城市战略定位的异同，反映了城市间的竞合关系；另一方面，一座城市在发展的过程中，也要充分考虑与其他城市的竞合关系对城市未来发展所带来的影响，适时完善自身的战略定位。所以，城市战略定位是城市间竞合关系的综合反映，同时城市竞合关系又是促使城市战略定位不断完善的关键推动力。

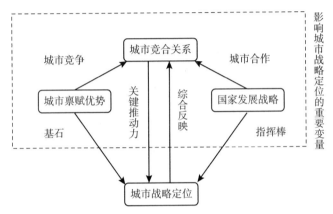

图3.6　城市竞合关系与城市战略定位的关系框架

二、战略定位视角下上海与国内其他主要城市"竞合关系"的分类

本章第一节中，我们从不同维度对比分析国内主要城市的战略定位，明确了不同城市战略定位的一致性和差异性；而本节第一部分中，我们进一步分析了城市竞合关系和城市战略定位之间的关系。在此基础上，我们将以国内主要城市的战略定位为立足点，具体阐述上海与国内主要城市之间存在怎样的竞合关系。

首先，依据城市战略定位的异同性，对城市间竞合关系进行分类。

城市战略定位的异同性可以从两个层面来观察，一是层级定位，如果两座城市的战略定位都是面向全球的，或都是面向区域的，则认为两座城市层级定位趋同；反之，如果一座城市是面向全球的，而另一座城市是面向区域的，则认为两座城市层级定位互异。二是功能定位，如果两座城市在同一维度内（金融、科创、交通、投资贸易）都有明确的战略定位，则认为两座城市功能定位趋同；反之，如果两座城市没有功能定位的交集，则认为两座城市功能定位互异。

表 3.12 中，我们依据不同城市战略定位的一致性和差异性对城市竞合关系进行了分类。定义如下：第一，当两座城市层级定位相同，且功能定位也相同时，两座城市为战略趋同关系；第二，当两座城市层级定位相同，功能定位不同时，或者功能定位相同但优势资源不同时，两座城市为战略互补关系；第三，当两座城市层级定位不同，功能定位相同，且处于同一区域战略框架内时，属于强战略协同关系，若处于不同区域战略框架内时，属于弱战略协同关系；第四，当两座城市层级定位不同，功能定位也不同时，两座城市的竞合关系不明显。

表 3.12　　基于城市战略定位异同对城市竞合关系的分类

城市战略定位				城市竞合关系
层级定位		功能定位		
同	异	同	异	
√		√		战略趋同关系
√			√	战略互补关系
	√	√		强战略协同关系（同一区域战略框架内） 弱战略协同关系（不同区域战略框架内）
	√		√	城市竞合关系不明显

依据表 3.12 对城市竞合关系的定义，我们进一步对上海与国内其他主要城市的竞合关系进行了分类汇总，如表 3.13 所示。

表 3.13　　　　　上海与国内其他主要城市的竞合关系①

	战略趋同关系	战略互补关系	强战略协同关系	弱战略协同关系
金融中心	深圳	北京	南京、杭州	天津、广州、重庆武汉、青岛
科创中心	北京	深圳	南京、杭州	成都、武汉、天津广州
交通枢纽	天津、深圳、广州	北京	南京、宁波－舟山	重庆、成都、武汉厦门、青岛
投资贸易中心		深圳、广州、杭州	杭州	重庆、成都、武汉厦门、青岛

（一）深圳和上海具有极强的战略趋同关系和战略互补关系

战略趋同关系主要表现在，两者都定位于建设国际金融中心和国际航运中心，这说明，未来两座城市在金融、交通领域将会产生较多的竞争。如何处理好这种竞争关系，发挥自身比较优势实现良性竞争，对上海建设全球城市至关重要。同时也应看到，在科技创新和投资贸易领域，深圳和上海又具有极强的战略互补关系，上海定位于建设全球性的科技创新中心和综合性的全球投资贸易枢纽，而深圳主要着眼于建设成为国际性的创新创业中心和与香港特区共建国际贸易中心，这一定位差异为上海建设全球城市提供了重要的合作机遇。

（二）上海和北京的竞争重心将主要集中在全球科技创新中心的建设上

上海和北京都定位于建设全球科技创新中心，这一战略定位既取决于两者的禀赋优势，同时也是重要的国家战略。对于北京和上海来说，如何在既定的国家战略之下，探索适合自身的科创中心发

---

① 说明：由于我们的主要目的，是要找出上海与国内其他主要城市的竞合关系，所以在此都以上海作为参照城市进行归类。

展模式，共同建设成为具有全球影响力的科技创新中心，是上海未来全球城市建设中的重中之重。

（三）南京、杭州与上海存在极强的战略协同关系

上海、南京、杭州同处于"长三角"城市群之中，上海是"长三角"城市群当之无愧的"龙头"城市，而南京、杭州则是区内重要的核心城市。在金融、科创和交通枢纽领域，南京与上海形成了较强的战略协同关系，而在金融、科创和投资贸易领域，杭州与上海形成了较强的战略协同关系，这为上海全球城市建设提供了良好的区域支撑。

（四）其他城市群的核心城市以及"一带一路"沿线重要的节点城市与上海形成弱战略协同关系

天津、广州、重庆、成都和武汉在多个领域都与上海存在着弱战略协同关系，尤其是随着三大区域发展战略的逐步实施以及城市科创实力日益重要，这些城市在全国乃至全球城市网络中的"枢纽"地位日益显现。因此，上海在全球城市建设的过程中，也要充分重视与这些城市的协同发展关系。

三、战略定位视角下上海与国内其他主要城市的"竞合关系"的特征

（一）上海与国内其他主要城市存在多元城市"竞合关系"

多元城市"竞合关系"主要体现在两个方面：第一，上海与国内其他主要城市"竞合关系"的方向是多元的，竞争与合作并存，而非单一的竞争性关系或合作性关系。就上海、北京两座国内"龙头"城市而言，两者都定位于建设成为全球科创中心，这一战略定

位既决定于两者相似的禀赋优势，同时也是重要的国家战略，未来，上海和北京的竞争重心将主要集中在全球科技创新中心的建设上。但同时，上海与北京的战略定位也存在着极强的战略互补性。在金融中心建设上，北京和上海已经形成了明显的分工差异，北京未来更有可能成为中国乃至全球的金融监管决策中心，而上海则是全球的财富管理运营中心。两者相辅相成，共同加深中国在全球金融市场的控制力和影响力，发挥中国城市在全球金融网络体系中的"枢纽性"功能。第二，上海与国内其他主要城市竞合关系的维度是多元的。从横向的功能维度看，这种竞合关系存在于金融、科创、交通和投资贸易等多个维度；从纵向的层级维度来看，这种竞合关系既存在于上海与国内其他龙头城市之间，也存在于上海与国内区域核心城市之间。同时，这种维度上的多元性，也为城市间横向的错位发展，纵向的协同分工奠定了基础。

（二）区域发展战略是影响上海与国内其他主要城市"竞合关系"的主要因素

对于城市而言，区域发展战略更加强调城市间的协同发展、联动发展，强调"合作共赢"而非"各自为政"。2014 年以来，国家推出的三大区域发展战略（"一带一路""京津冀协同发展""长江经济带"）以及 2015 年年末召开"中央城市工作会议"，都更加明确地强调了城市发展的协同性。

上海、南京、杭州同处于"长三角"城市群之中，上海是"长三角"城市群当之无愧的"龙头"城市，而南京、杭州则是区内重要的核心城市。在金融、科创和交通枢纽领域，南京与上海形成了较强的战略协同关系，而在金融、科创和投资贸易领域，杭州与上海形成了较强的战略协同关系。此外，上海也是"长江经济带"的龙头城市和"一带一路"的重要枢纽城市，与重庆、成都和武汉在多个领域也存在着较强的战略协同关系。而"京津冀协同发展战略"的实施和珠江三角洲城市群的建设，也会深刻影响北京、深圳的未来发展，进而影响上海的全球城市建设。

（三）错位竞争和协同发展是国内主要城市间"竞合关系"的"主旋律"

通过对比国内主要城市面向未来的城市战略定位，本书发现错位竞争和协同发展日益成为城市间竞合关系的主要发展趋势。从目前国内主要城市的战略定位来看，三大城市群的"龙头"城市上海、北京、深圳和广州之间日益形成强强博弈的竞争格局，尤其是上海、北京和深圳，已经形成国内第一层级的城市竞争格局。但是，由于三座城市在长期发展中所积累的优势资源有所差异，这也为三者提供了错位竞争的发展空间。同时，中国三大城市群的核心城市，如南京、杭州、苏州、天津等以及"一带一路"沿线重要节点城市，如重庆、成都、武汉、厦门、青岛等，受国家区域战略和产业升级战略的影响，城市的竞争力日益提升，未来会对上海全球城市建设带来重要影响，但是这种影响更加强调城市发展的协同性、共享性和互惠性。

参 考 文 献

官佳.《"一带一路"助力蓉城出海》，人民日报海外版，2015.04.23。

郭先登.《关于城市实现生产力科学布局的研究——以青岛市为个案》，《山东纺织经济》2013 年第 7 期。

胡莹.《上海在岸金融市场的发展与思考》，《浙江金融》2012 年第 6 期。

李同贺.《京津冀区域协同发展中的地方政府间合作问题研究》，《哈尔滨市委党校学报》2016 年第 1 期。

倪鹏飞.《中国城市竞争力报告（No.13）》，社会科学文献出版社 2015 年，第 70 页。

国务院.《国务院关于印发全国主体功能区规划的通知》，（http：//www.gov.cn/zwgk/2011-06/08/content_1879180.htm）2011 年。

上海市人民政府发展研究中心课题组.《上海建设具有全球影响力科技创

新中心战略研究》,《科学发展》2015 年第 77 期。

上海市人民政府发展研究中心课题组.《上海积极主动融入"一带一路"国家战略研究》,《科学发展》2015 年第 78 期。

韩正.《上海要跻身全球重要创新城市行列》,《解放日报》,2015.5.26。

上海市政府.《中共上海市委、上海人民政府关于加快建设具有全球影响力的科技创新中心的意见》,2015.05。

深圳市政府.《国家自主创新示范区发展规划纲要(2015~2020)》2015 年。

沈玉良,高耀松.《上海现代国际贸易中心建设:内涵、利益和思路》,《国际贸易》2008 年第 5 期。

世界银行.《2030 年的中国:建设现代、和谐、有创造力的高收入社会》2012 年。

谭刚.《深圳的国家战略定位与国际化城市发展路径选择》,《特区实践与理论》2009 年第 2 期。

线实,陈振光.《城市竞争力与区域城市竞合:一个理论的分析框架》,《经济地理》2014 年第 3 期。

张志勇.《从发展哲学看十二五规划体现的民生幸福——以重庆发展实践为视角》,《重庆行政(公共论坛)》2010 年第 6 期。

周进.《推进服务业转型、促进首都现代服务业优化升级的路径研究》,《经济研究参考》2015 年第 61 期。

周振华.《城市竞争与合作的双重格局及实现机制》,《毛泽东邓小平理论研究》2007 年第 6 期。

周振华.《我国全球城市崛起之发展模式选择》,《上海市经济学会学术年刊》2008 年。

庄英业,邱华德.《打造经济转型发展核心引擎》,《江门日报》,2015.11.18。

第四章

金融维度下国内主要城市的发展 状况及其对上海建设全球城市的影响

纵观当今全球城市，无一不是国际金融中心，建设国际金融中心是上海建设全球城市的必经之路。经过多年的建设，从国际金融中心的视角考量，上海的建设成效究竟如何？是否已经在国内具有潜力的城市中脱颖而出？与国际标尺城市的差距是否已经缩小？对这些问题的回答，既可以帮助我们厘清现阶段的发展形势，又可以明确下一步发展的路径，以及实现目标的有效措施。

这一部分的分析，我们着眼于两点进行设计。就研究对象而言，我们将上海与国内核心城市进行比较，既分析单个城市之间的情况，又考虑城市的发展腹地，以城市群为对象，分析上海在国内总体金融发展中所处的形势，是否已脱颖而出，具备"单极"的体量，形成足够的金融资源集聚力和辐射力；同时，我们又把上海与国际主要金融中心比较，分析上海所处的位置，与标尺城市之间的差距。就研究方法而言，由于金融本身就有网络属性，我们区别于常规的金融指标体系比较的方法，使用社会网络关系方法来评价城市之间的差异。在以上分析的基础上，进一步研究了影响金融中心形成的因素，指出上海与首位城市比较之后的不足，并提出了针对性的改进措施。

第一节　上海在全球金融网络体系中的地位：
基于复杂网络中心度的分析

作为中国金融国际化的"桥头堡"，上海的金融竞争力问题被大量的机构和学者们广泛研究。这些专业研究机构所做出的有关金融中心竞争力的排行榜以及许多学者们的相关研究成果中，为我们探究上海在金融网络体系中的位置提供了重要的参考。

在各种金融中心竞争力排行榜中，最为流行的是英国智库Z/Yen集团发布的"全球金融中心指数"（The Global Financial Centre Index，GFCI），该指数将构成金融中心竞争力的诸多因素划分为五个核心领域，即人才、商业环境、市场发展程度和基础设施，以及因在上述四个领域的领先而具备的总体竞争力，根据CFCI指数，2014年上海在全球金融中心排序中位列第20位。由新华社和道·琼斯指数公司联合推出的"新华—道琼斯全球金融发展指数"（简称IFCD指数）则是目前另一个较有影响力的有关全球金融中心竞争力排名的指数，与GFCI指数相比，IFCD指数更加关注全球金融中心成长性，不仅关注存量，而且关注增量。IFCD指数从金融市场、成长发展、产业支撑、服务水平、综合环境五方面考察金融中心城市的综合竞争力，根据该指数，2014年上海的全球国际金融中心综合竞争力指数与香港特区并列第五。

也有一些学者从不同的角度，对上海在国际金融网络体系中的地位和竞争力问题进行了研究。胡坚和杨素兰（2003）从经济指标（GDP、投资比率）、金融指标（金融发展水平、金融国际化程度、金融市场发展程度）和政治指标等方面构建了国际金融中心评估指标体系，并利用回归和参数检验的方法对上海建设国际金融中心的可行性进行了分析，发现上海与纽约、东京、伦敦、新加坡、中国香港等国际金融中心相比，还存在不少差距。陆红军（2007，

2013）通过经验研究、专家评判和统计分析等方法，构建了评估国际金融中心的指标体系，该指标体系包括金融规模、金融环境、金融集聚度、金融人才等10个一级指标和56个二级指标，根据该指标体系，上海的国际金融中心竞争力的能级位列纽约、伦敦、东京、新加坡和香港之后。刘刚（2007）通过对经济六因素、金融因素、政治因素和综合因素等四个变量指标的国际比较，研究了上海在国际金融中心中的位置，认为上海离国际金融中心还有很长的一段路要走。

通过梳理上述文献，我们不难发现这些研究有一个共同的特征，即在评估一个金融中心的竞争力和排名时，运用的测度指标主要包括两类，一类与各金融中心的体量相关（如，金融机构数量、金融市场规模和金融基础设施等），另一类是与各金融中心的金融生态环境相关（如金融市场自由度、金融监管与法制的完备性等），这两类指标都是反映金融城市属性特征的指标，通过对不同金融中心的属性数据进行综合评分得出各金融中心的排序，这一测度方法为我们评估不同金融中心的竞争力提供了重要的参考依据。但是，我们也注意到，该方法存在一个重要的局限性，即主要关注的是金融中心的属性数据而忽略了不同金融中心之间的关联数据。实际上，近年来，随着信息技术的发展和经济全球化趋势的加强，不同金融中心的联系越来越密切，因此金融中心不能被孤立地研究，而应该将其理解为一个由资本、信息和人力等多种"流"所链接起来的庞大的金融网络体系，在这一背景下，一个具有全球影响力的金融中心一定是因为其在"全球金融网络体系"中居于关键性节点地位。这意味着，在对全球各金融中心的竞争力进行排序时，我们还应关注各金融中心之间的关联度。但是，在现有的全球金融中心竞争力排名体系中，反映不同金融中心关联度大小的指标恰恰缺失了，使得这些排名难以准确地反映一个城市在全球金融网络体系中的真实位置，比如在上述提到的 GFCI 指数中，2011 年上海在全球金融中心的排名为第 5 名，而 2014 年的排名则急剧跌落到第 20

位，排名的这种短期内的巨大波动导致这一排名的稳定性和可靠性大打折扣。因此，将城市置于全球金融网络体系中，并将其视为该网络体系中的一个节点，既分析金融中心的属性数据又分析不同金融中心之间的关联数据，才使得我们对不同金融中心的排序更加符合实际情况，社会网络分析方法在城市竞争力研究领域中的广泛运用为我们做到这一点提供了可能性。

一、理论分析和研究设计

（一）全球金融网络节点城市中心度的测度模型

我们可以借鉴 GaWC 研究小组和倪鹏飞等（2011）的复杂网络中心度的分析方法来分析这一问题。

"中心度"是复杂网络分析法中的一个重要概念，用于反映个体或组织在其社会网络中所居地位的重要性。巴维拉斯（Bavelas，1950）最早对中心度的形式特征进行了开创性的研究，其主要观点是节点的重要性取决于该节点与其他节点联系的密切程度，最常用的用来衡量节点重要性的指标有两个，即"点度中心度"和"中间中心度"。其中，"点度中心度"刻画了网络中与某个节点有直接联系的其他节点的数目，与该节点发生直接联系的其他节点的数目越大，则该节点的"点度中心度"越高，表明该节点在网络中的地位越重要；"中间中心度"概念最早由美国社会学家弗里曼（Freeman，1979）提出，它测量了某节点在多大程度上控制着其他节点之间的联系，比如节点 j 和节点 k 之间没有联系，但可以通过节点 i 产生联系，则表明 i 起到了连接节点 j 和节点 k 的"桥梁"作用。如果许多节点都是通过某个节点才联系起来的，表明该节点控制其他节点的能力越强，该节点的"中间中心度"越大，其在网络中的地位也越重要。

我们将借鉴上述两个指标来衡量在全球金融网络体系中各节点

城市的重要性。首先我们参照 GaWC 研究小组的方法，构建跨国金融公司在节点城市设立分支机构的价值的判断标准，如表 4.1 所示。

在构建跨国金融公司在节点城市设立分支机构的价值判断标准的基础上，我们再进一步假设全球网络金融体系中有 m 个跨国金融公司在 n 个节点城市布局办公点和营业机构，如果某跨国金融公司 f 在节点城市 i 和节点城市 j 都设立了机构，意味着该跨国金融公司 f 会推动金融要素在 i 和 j 两个城市间的流动，因此我们定义 i、j 两个节点城市通过该跨国金融公司 f 产生了直接的金融联系。

表 4.1　　　跨国金融公司 f 在节点城市 i 设立办公点或经营机构的价值（V_{if}）的判断标准

V_{if} 值	判定标准
5	跨国金融公司 f 在节点城市 i 设立全球总部
4	跨国金融公司 f 在节点城市 i 设立地区（如亚太地区）总部级别的机构
3	跨国金融公司 f 在节点城市 i 设立重要机构网点或者国家总部级别的机构
2	跨国金融公司 f 在节点城市 i 设立一般机构，但规模较大
1	跨国金融公司 f 在 i 城市设立一般机构或者办事处
0	跨国金融公司 f 在 i 城市没有设立任何机构

我们还根据跨国金融公司在节点城市所设立机构的重要性来给这种金融联系赋值，以 V_{if} 表示 f 金融公司在节点城市 i 设立机构的价值，其取值如表 4.1 所示，据此我们可以得到节点城市 i 和节点城市 j 通过跨国金融公司 f 产生金融联系的强度（定义为金融联系能级 γ_{ijf}）：

$$\gamma_{ijf} = V_{if} \cdot V_{jf} \qquad\qquad (4-1)$$

式（4-1）中，V_{if} 表示跨国金融公司 f 在节点城市 i 设立机构的价值、V_{jf} 表示跨国金融公司 f 在节点城市 j 设立机构的价值。按照相同的方法，我们算出 i、j 两个节点城市通过所有跨国金融公司产生的金融联系能级的总和：

$$\gamma_{ij} = \sum_{f=1}^{m} \gamma_{iif} \qquad (4-2)$$

将节点城市 i 与金融网络体系中其他所有节点城市的金融联系能级加总，就可以得到节点城市 i 在整个网络体系中的金融联系能级：

$$C_D(i) = \sum_{j=1}^{n-1} \gamma_{ij}, i \neq j \qquad (4-3)$$

$C_D(i)$ 实际上就是节点城市 i 在金融网络体系中的"点度中心度"，该值越大，则表明城市 i 在金融网络体系中的地位越重要。

假设节点城市 j 和节点城市 k 之间没有直接的金融联系（即 $\gamma_{jk} = 0$），① 但是，节点城市 j 和节点城市 i 之间存在直接的金融联系（即 $\gamma_{ij} > 0$），同时，节点城市 k 和节点城市 i 之间也存在直接的金融联系（即 $\gamma_{ik} > 0$），因此可以说，节点城市 i 可以间接地把节点城市 j 和节点城市 k 联系起来，定义 $g_{jk}(i)$ 为节点城市 j 与节点城市 k 通过节点城市 i 产生的间接金融联系能级，且有：

$$g_{jk}(i) = \gamma_{ij} \cdot \gamma_{ik} \qquad (4-4)$$

再假设，节点城市 j 和 k 可以通过 l 个节点城市产生间接金融联系，因此，节点城市 j 和 k 之间加总的间接金融联系为：

$$g_{jk} = \sum_{i=1}^{l} g_{jk}(i) \qquad (4-5)$$

令：

$$b_{jk}(i) = \frac{g_{jk}(i)}{\sum_{i=1}^{l} g_{jk}(i)} \qquad (4-6)$$

$B_{jk}(i)$ 反映了节点城市 i 对连接节点城市 j 和 k 的贡献度。将节

---

① 这意味着，没有任何一家跨国金融公司同时在节点城市 j 和节点城市 k 设立分支机构。

点城市 i 对连接其他所有的两两节点城市的贡献度加总，我们就可以得到，节点城市 i 在整个金融网络体系的"中间中心度" $C_B(i)$，见式（4-7）：

$$C_B(i) = \sum_{i=1}^{n-1} \sum_{j=1}^{n-1} b_{jk}(i), j \neq k \neq i \qquad (4-7)$$

一个节点城市的中间中心度越高，意味着许多其他节点城市要通过该节点城市才能产生金融联系，表明该节点城市在金融网络中的"桥梁"作用越明显，因此其在金融网络体系中的地位也越重要。

（二）样本选择和数据来源

我们将上海置于全球金融网络体系中，并将其视为整个网络体系中的重要节点城市之一，我们还根据 CFCI 指数和 IFCD 指数，选取在这两个指数排名靠前的城市作为其他重要节点城市，这样总共获得 78 座城市作为全球金融网络体系的节点城市。

测度这些节点城市在全球金融网络体系中的"中心度"的关键，是搞清楚金融类跨国公司在各节点城市设立的办公点和分支机构的分布情况。为此，首先，我们选取了 2012~2014 年财富杂志全球 500 强中的金融类跨国公司，涉及银行、保险、多元化金融等行业，这些公司还要符合以下标准：（1）在全球至少有 15 家以上分支机构；（2）除了本国，至少在国外有 5 家分支机构。这样，我们总共获得了 114 家金融类跨国公司。

其次，我们逐一查阅 114 家样本公司的官方网站，得到这些样本公司在节点城市设立的办公点和分支机构的分布数据。例如：对于汇丰银行，首先进入汇丰银行的官方主页，然后进入"Structure and network"，我们可以发现汇丰银行在 78 个样本节点城市中的 45 个节点城市设立了分支机构，我们还根据表 4.1 所设立的标准，对汇丰银行在这 45 个节点城市所设立的分支机构的重要性（V_{if}）进行赋值，如汇丰银行总部设在伦敦市，亚太地区总部设在中国香港，中国大陆总部设在北京，在华盛顿设有重要办事处，在马德里只设有一般的办事处，据此，汇丰银行在伦敦、香港、北京、华盛顿和马德里所设机构的重要性分别为5、4、3、2、1。通过上述方式，我们统计整理得到114家样本金融类跨国公司在78个节点城市设立了2360个机构，这些机构的级别或重要性，如图4.1所示。

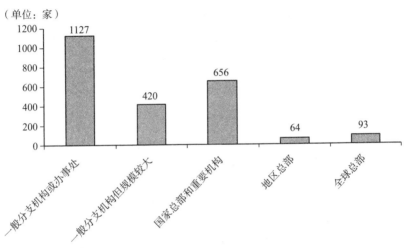

（单位：家）

图4.1 金融类跨国公司在节点城市设立各级别分支机构的家数

二、上海与全球金融网络节点城市的比较

（一）上海在全球金融网络体系中的"点度中心度"

首先，我们利用跨国公司在不同节点城市办公点或分支机构的分布数据，算出两两节点城市间的金融联系能级（即 γ_{ij} 的值），然后，通过 Ucinet 软件求得各节点城市的"点度中心度"。

表 4.2　　　　全球金融网络节点城市"点度中心度"
排名前 20 城市（2014 年）

城市	点度中心度（N_a）	排名	城市	点度中心度（N_a）	排名
伦敦	12068	1	米兰	5394	11
纽约	11870	2	北京	5349	12
香港	11609	3	迪拜	5312	13
新加坡	8685	4	多伦多	4908	14
东京	8628	5	莫斯科	4832	15
巴黎	8489	6	首尔	4787	16
上海	7055	7	卢森堡	4737	17
法兰克福	6681	8	圣保罗	4734	18
悉尼	6168	9	马德里	4666	19
孟买	5747	10	阿姆斯特丹	4537	20

　　表 4.2 列出了在全球金融网络体系中排名前 20 位节点城市的"点度中心度"。这些城市在全球金融网络中起着巨大的连通作用，在全球金融网络体系中处于关键的枢纽地位。

　　我们还通过 NetDraw 软件得到了可视化的全球金融网络"点度中心度"图，见图 4.2，① 图 4.2 中以节点大小来区分城市中心度的高低，以线条粗细来区分联系强度的强弱。从图 4.2 中也可以更直观地看出，上海在全球金融网络权力结构体系中所处的位置。

　　按照"点度中心度"排名可知，伦敦和纽约具有最高的金融网络"点度中心度"，处于全球金融网络体系中的最核心位置，主导着全球的金融服务业。上海目前处于全球金融网络体系中的第七位，这说明上海在全球金融体系中处于较高的位置，通过跨国金融公司在全球配置金融要素，上海与全球金融网络中的其他节点城市产生了广泛的金融联系。但与伦敦和纽约相比，上海与其他节点城市的金融联系能级还不在同一个量级上。

————————

　　① 为了让图清晰可观，我们只列出了部分城市。

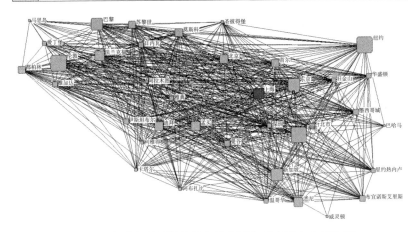

图 4.2　全球金融网络体系各节点城市"点度中心度"图

（二）上海在全球金融网络体系中的中间中心度

根据样本数据和式（4-6），并利用 Ucinet 软件我们可以得到上海和其他各节点城市的"中间中心度"。

表 4.3　全球金融中心中间中心度排名前 10 城市（2014 年）

城市	中间中心度	排名	城市	中间中心度	排名
伦敦	356.5	1	东京	146.5	6
纽约	346.5	2	上海	111.5	7
香港	327	3	法兰克福	98	8
新加坡	171.5	4	悉尼	82	9
巴黎	159.5	5	迪拜	72	10

表 4.3 给出了在全球金融网络体系中排名前 10 位节点城市的"中间中心度"，通过 NetDraw 软件我们可以得到可视化的全球金融网络"中间中心度"图。

计算的结果显示，与"点度中心度"一样，上海在全球金融网络体系中的"中间中心度"依然排在第七位。这一方面说明，上海在全球金融网络体系中的"桥梁"作用较为明显，反映了上海作为中国金融对外开放的"桥头堡"地位。但在另一方面，上海在全球金融网络体系中的"桥梁"作用与纽约、伦敦乃至香港和新加坡相比依然存在一定的差距，与作为中国"首位城市"的经济体量也不匹配，制约了上海在全球金融网络体系的"影响力"。同样，我们给出了可视化的全球金融网络"中间中心度"图，如图4.3所示。

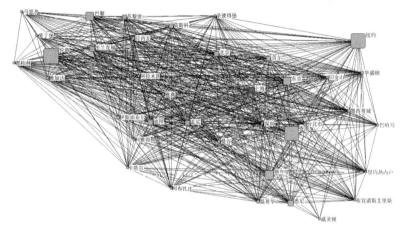

图4.3　全球金融网络体系各节点城市"中间中心度"图

三、上海与顶级全球金融中心差距的原因分析

由"点度中心度"和"中间中心度"排名可知，上海在全球金融网络体系中的影响力虽然排名靠前，但不及纽约、伦敦、新加坡和东京等顶级金融城市。究其原因，我们认为最主要与以下三个方面的因素有关。

（一）在上海设有总部级机构的金融类公司数量不足，且金融机构的跨国指数不高

根据全球金融中心的"点度中心度"的计算方法可知，一个城市在全球金融网络体系中的"点度中心度"不仅与该城市总部级跨国金融机构的数量有关，而且还与这些金融机构在海外其他城市布点的数量有关（即与金融机构的跨国指数有关）。

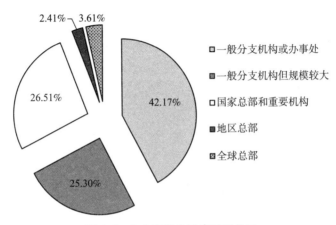

图 4.4　在上海的金融类跨国公司

　　在我们 114 个位列世界财富 500 强的金融类公司中，在上海设有办公点和分支机构的虽有 83 家，但在这 83 家机构中，全球总部级别的只有 3 家，比率仅为 3.61%，近半数为一般分支机构或办事处，比率为 42.17%。对比香港可以发现，在世界 500 强的金融类公司中，虽然没有任何公司将全球总部设在香港，但是却有 15 家公司将亚太地区总部设在香港，而在上海设有类似地区总部的公司只有 2 家。而与纽约、伦敦以及东京相比，上海的金融类公司的总部机构数量显得更加不足，图 4.4 和图 4.5 显示了这一事实。
　　上海不仅金融类公司的总部级机构数量不足，而且已有的金融类机构的跨国指数不高（或者说国际化程度不高）。在财富 500 强企业中，将总部设在上海的金融类公司只有 3 家，分别是交通银行、上海浦东发展银行和中国太平洋保险。交通银行在海外只在 9 个城市设有分支机构，上海浦东发展银行除了在香港设有分行以外，

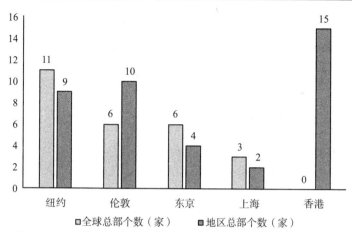

图4.5 2014 年财富500强金融类公司总部和地区总部数量比较

在境外没有其他分行，中国太平洋保险在海外几乎没有分支机构，这使得上海很难通过这些金融机构与全球金融网络体系中的其他节点城市产生广泛的金融联系。

出此可见，在上海的金融类总部资源不足，同时总部资源的跨国指数不高，导致上海与其他节点城市的金融联系能级较低，这是造成上海与顶级节点城市相比，在全球金融网络体系中的"中心度"偏低的重要原因。

（二）与顶级金融节点城市相比，上海的国际金融资产和国际金融业务量相对不足，导致上海在全球金融网络体系中"控制力"和"辐射力"相对较弱

全球金融网络体系中的顶级节点城市往往具有巨大的国际金融资源流量与交易量，是全球金融资源配置网络中的主要节点，但是正如上文所分析的，上海总部级金融机构数量不足，且金融机构的跨国指数不高，不仅导致了上海与其他节点城市的金融联系能级较低，而且还导致上海的国际金融资产和业务量与顶级城市相比差距巨大，比如，纽约外资金融银行的金融资产占整个金融资产的70%

左右，而上海的这个比重才20%左右。① 高端国际金融资产的另一个重要指标是吸纳外籍人才的数量，纽约的海外人口占到37%，伦敦24%，东京也超过3%，而上海只有0.7%。②

　　GaWC研究小组的研究数据也证实了这一点，GaWC研究小组从"2012年福布斯2000强排行榜"中挑选出554家银行和保险公司，统计了这些公司在全球主要城市的业务量，数据显示2012年这些金融公司在上海的市值（Market Value）是1236.3亿美元，创造的年收入（Revenue）是690.16亿美元，总利润是123.74亿美元，雇员数为20.37万人，这些数据与伦敦、纽约等城市相比都有不少差距，见图4.6，导致上海在全球金融网络体系中"控制力"和"辐射力"相对不足，限制了上海在全球金融网络体系中将不同节点城市连接起来的"桥梁"作用，使得上海在全球金融网络体系中的"中间中心度"与顶级城市相比还存在一定差距。

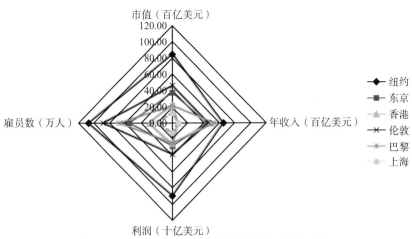

图4.6　跨国金融机构在全球主要城市的资源分布

资料来源：GaWC, Global Command and Control Centres （2012）。

---

①　数据来源于"瞭望东方周刊"，2009年6月1日。

②　参见第一财经：一财网http：//www.yicai.com/news/2014/07/3992903.html。

（三）金融体制的基本构成要素与国际准则的兼容性不够、金融市场对外开放度不足

上述总部级金融机构数量不足、跨国指数不高、国际金融资产和国际金融业务量不足，只是导致上海在全球金融网络体系中的"中心度"无法与顶级节点城市媲美的显性原因。实际上，在全球网络体系中，"点度中心度"和"中间中心度"名列前茅的节点城市基本上都是高度成熟市场经济体中的"首位城市"，都具有高度"包容性"和"开放性"的现代金融体制。与这些城市相比，中国金融体制框架的一些基本构成要素（如，金融会计准则、利率市场化、货币的可兑换性、市场准入和金融监管等）与国际准则的兼容性不够，同时中国的金融市场对外开放度也不高，这些都制约了上海成为全球金融类公司总部资源的"集聚地"和高端金融资源的"指向地"。

我们认为，这才是导致上海与顶级金融城市相比，在全球金融网络体系中的"中心度"偏低的深层次的根本原因。表4.4给出了上海银行业和保险业的"中心度"在全球金融网络体系中的排名。

表4.4　　　　按银行业和保险业测度的上海在全球金融网络体系中的"中心度"

分类　　中心度排名	点度中心度排名	中间中心度排名
保险业	7	4
银行业	8	10

利用样本数据，分别基于银行类跨国公司和保险类跨国公司在全球节点城市办公点和分支机构的分布情况，测算上海在全球金融网络体系中的"点度中心度"和"中间中心度"，结果显示，基于保险类跨国公司数据计算的上海在全球网络体系中的"点度中心

度"和"中间中心度"排名均要高于基于银行类跨国公司数据计算出的排名，见表4.4。实际上，这一结果与中国保险市场开放时间较早，保险业与国际接轨更好，保险市场对外"门槛"较低有关。这一结果也表明，提高金融体制与国际通行惯例的兼容性，扩大金融市场的对外开放度，对提升上海在全球金融网络体系中的"中心度"至关重要。

四、结论

以上分析显示，上海的"点度中心度"和"中间中心度"在78个金融节点城市中均排在前10位，这显示上海不仅通过跨国金融机构与全球金融网络体系中的其他许多重要节点城市产生直接的金融联系，而且上海充当将其他节点城市连接起来的"桥梁"作用也十分明显。但是，数据的结果也显示，上海在全球金融网络体系中的"影响力"与伦敦、纽约、东京、新加坡和香港等顶级节点城市相比，还存在一定的差距。

我们认为，上海的总部级金融机构数量较少、且已有金融机构的跨国指数不高，导致上海通过跨国金融机构与其他金融节点城市所产生的金融联系能级不足，同时上海所拥有的国际金融资产和国际金融业务量相对不足，导致上海在全球金融网络体系中的控制力不够，这些都是造成上海在全球金融网络体系中的"中心度"相较于顶级节点城市偏低的重要原因。但我们认为，导致上海在全球金融网络体系中的"中心度"无法与顶级节点城市媲美的更深层次原因还在于，上海缺乏与国际通行准则接轨的金融体制和足够开放的金融市场。

上海要提升在国际金融网络体系中的"中心度"，并成为具有支配力的顶级节点城市，必须抓住"上海自由贸易试验区"带来的金融体制创新的重大机遇，大力推进金融会计准则、利率市场化、货币可兑换性、市场准入和金融监管等方面的制度创新，积极探索具有包容性、竞争性并与国际接轨的现代金融体制，同时尽快提升金融市场的对外开放度。只有这样上海才能成为全球金融机构总部的"集聚地"和高端国际金融资源的"指向地"，也只有这样，上海与全球金融网络体系中的其他节点城市的金融联系才能更加密切，上海充当将其他节点城市连接起来的"桥梁"作用才能更显著，从而最终使得上海在全球金融网络体系中的中心度得以提升，并成为亚太乃至全球的金融中心。

第二节　上海与其他主要城市在国内 金融网络体系中的地位比较

城市是要素资源集聚的地理节点，城市之间彼此关联又相互竞争，在发展中形成了不同的规模和等级。作为经济运行的血液，金融在现代经济活动中起着核心作用，因而金融竞争力的强弱对城市的发展尤为重要。金融竞争力强的城市往往在竞争中占据优势地位，成为要素资源的流入节点，相对周边的竞争对手有更快的发展，并逐步成为地区的中心。可以看到，总有一些城市在发展过程中脱颖而出，成为大城市甚至是世界性城市，而这些城市无一例外的是区域的金融中心，甚至国际金融中心。

目前，大部分研究主要集中在构造金融竞争力指标，如王仁祥等（2008），黎平海、王雪（2009），方戈扬（2009），闰彦明（2010），茹乐峰（2014）在此基础上分析城市金融实力的差别。这类研究的不足在于，忽略了城市之间的相互联系，静态、割裂地进行城际比较，尤其是对于金融这一本身就具有网络连接属性的对象。利用社会网络的方法，研究节点之间等级的差异，在城市层级的研究中有了广泛的运用，如豪（Ho，2000）、松本（Townsend，2001）、汤森等（Matsumoto et al.，2004）利用互联网流量、航空流量、公路交通流量、港口货运量等对城市层级进行研究，并把这一方法迁移到对不同城市金融层级的分析也有尝试。不少研究着重对区域金融网络进行分析，李小建（2006）分析了发展中地区的金融空间格局，季菲菲（2013）研究了"长三角"金融机构的网络分布，程玉鸿（2014）探讨了"珠三角"金融企业的选址和城市竞争力的关系。也有一些全国金融网络的研究，如武巍（2007）分析了银行业的地区差异，彭宝玉（2009）则分析了90年代以后的银行空间变化，贺灿飞（2013）则以工行、中行为例，分析银行网点变动特征。尹俊等（2011）比较系统地对中国金融网络中城市的格局做了研究，而刘辉（2013）分析了中国城市群金融发展水平。目前，这方面的研究方兴未艾，形成了金融地理的研究特色。就已有研究而言，有两个重要方面被忽视，有待改进。首先，就连接而言，在全球经济一体化以及中国"入世"后逐步践行对外金融开放的背景下，我们在衡量中国城市的金融等级时，不能忽视国内城市与全球金融网络的关系。也就是说，需要从国内金融网络和全球金融网络两个维度综合分析中国城市的金融等级。其次，大部分研究侧重于金融空间分布特点的分析，而没有进一步研究，究竟是哪些因素对城市金融实力的增强发挥了关键作用，因而无法对金融中心建设的城市规划做出理论指导。

我们首先在理论上把金融网络划分为内部金融网络和外部金融网络两个维度，在这一基础上借助泰勒（Taylor, 2001）的方法度量了中国城市在内向金融功能和外向金融功能上的排名得分，然后根据得分，并利用聚类分析的方法，划分了中国四线以上城市的城市金融类型，在此基础上进一步分析形成城市金融类型差异的原因。

一、理论分析和研究设计

（一）基本概念和理论

如果我们把城市看作金融活动的地理节点，从社会网络的视角分析城市在金融网络中所处的位置，对于一个城市节点而言，需要综合分析其在内网连接和外网连接两种基础关联路径中的地位。借鉴互联网的基本概念，可以把金融网络划分为内部网络和外部网络两个类型，所谓内部网络就是国内城市之间构成的金融网络体系，而外部网络则是全球城市之间构成的金融网络体系。

当我们考虑一个城市作为金融网络的节点，与两个网络的连接关系，其核心就是分析城市在内部网络和外部网络体系中的地位，而在不同金融网络中重要性的差别就构成了城市的金融网络特征，决定了城市的金融类型。具体而言，应该存在 3 类不同的金融类型，即"外向型"、"内向型"以及"中心型"。

所谓"内向型"城市，如图 4.7a 所示，即在内部金融网络的重要性要高于外部金融网络的重要性，具有内网中心化而外网边缘化的特点，这类城市具有典型的"内向型"特征，即金融活动与外部相对隔绝、趋于封闭，在区域内自成体系、独立运行；而"外向型"城市，如图 4.7b 所示，与外部金融活动联系紧密，融入全球金融活动中，具有"外向型"特征。而最后一类"中心型"城市则具有"平衡"的特征，属于两者兼而有之，如图 4.7c 所示，在内外网络中都处于中心地位，大多数金融中心属于这种情况。

（二）研究方法

要研究城市在金融网络中的地位，首先需要采取定量的方法对每个城市的重要性进行评分排序，这里我们借鉴泰勒（Talyor，2001）的方法，主要思路是以银行作为城市间关联的载体，测量两个城市间的联系度，这样单个城市在网络中的重要性就可以通过计算包含该城市的联系度总和衡量。

具体步骤如下，首先测度城市间的联系度：

$$r_{nm} = \sum_i V_{ni} \cdot V_{mi} \qquad (4-8)$$

这里，V_{ni} 和 V_{mi} 分别表示 i 银行对城市 n 和城市 m 的价值，其中，$V = \sum Dq$，D 表示单项得分，是一个定序变量，测度一个城市中银行的级别。总行、分行、支行、ATM 网点分别为 4、3、2、1，而 q 表示对应级别机构的数量。

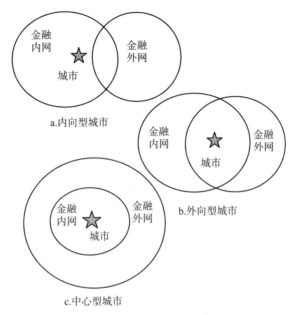

a.内向型城市

b.外向型城市

c.中心型城市

图4.7　城市的三种金融类型

城市在网络中的重要性得分为：

$$G_n = \sum_j r_{nj}(j \neq n) \qquad (4-9)$$

r_{nj}表示包含城市 n 的联系度，加总不包含自身的所有联系度，就得到重要性得分 G_n。

金融机构特别是银行是整个金融网络运行的载体。针对中国的实际情况看，由于金融规制的存在，银行权属的界别相对清晰，主要由内资和外资两类银行构成。更重要的是，两类银行之间的比较优势明显，从经营业务到服务对象都存在显著的差别各有侧重，这决定了内资银行和外资银行分别是中国内部金融体系和外部金融体系的运行载体。具体而言，内资银行有着网点覆盖和传统业务优势，国内金融服务占据主导；而外资银行则倚重于丰富的全球资源，跨国金融服务成为其业务主体。那么，我们可以借助两类银行在城市中的分布信息，利用社会网络的分析方法，来测度城市在两个金融网络体系中的地位，然后分析城市在两个金融网络中重要性的差别，研究城市的不同金融类型。

以内资银行和外资银行作为测度内部金融网络和外部金融网络的关联载体，分别计算城市 n 的网络节点重要性得分 G_n 和 G_n^*。最后，我们以上海的两个得分 G_{sh} 和 G_{sh}^* 作为基准，通过式（4 – 10）调整每个城市的重要性得分：

$$SG_n = G_n / G_{sh}$$
$$SG_n^* = G_n^* / G_{sh}^* \qquad (4 - 10)$$

其中，SG_n 和 SG_n^* 分别表示经过标准化处理以后，城市 n 的"国内金融网络重要性得分"和"国际金融网络重要性得分"。在此基础上，我们构造一个平衡比率 B_n 来测度一个城市在两个金融网络中的重要性差异：

$$B_n = \frac{SG_n^*}{SG_n} \qquad (4 - 11)$$

由于一个城市中内部金融联系必然存在，而外部金融联系有可能并不存在，因此我们拿内部金融网络重要性得分作为分母，避免分母为 0 的情况出现。这一指标的值越大，城市金融的"外向性"特征越明显；而值越小，则"内向性"特征越明显。

计算所有样本城市的得分后，我们以 SG_n、SG_n^* 和 B_n 为变量，对所有城市进行聚类分析。使用这三个变量作为城市金融类型划分的依据，既考虑绝对量的影响，又考虑相对量的影响。这里采用快速聚类的方法，聚类数设为 3。在聚类之后研究类中心的特征，分析不同城市的金融类型差异是否与预设一致。

二、金融网络关联体系下的城市金融排名

（一）数据和变量说明

我们根据银行规模排名筛选出前 100 家中资以及外资银行，然

后通过百度的 API 接口，在百度地图中搜索每个城市每一家银行的网点，根据网点的信息，归类网点的级别，其中，总行、分行、支行和 ATM 柜员机依次赋值为 4、3、2、1。从而获得所有中资及外资银行在不同城市的分布数据。基于所有中资银行和外资银行的信息，根据 Taylor 的方法分别计算每个城市以中资银行作为联系载体和外资银行作为联系载体的得分 SG_n、SG_n^*。然后，我们以上海的得分作为基准，分别把每个城市两个得分除以上海的两个得分，最后计算平衡比率（此时，上海的比率为 1）。

（二）城市金融类型的聚类分析

如表 4.5 所示，可以看到聚类结果是国内城市可以按照金融实力划分为 3 个等级，随着等级的上升，国内金融实力和国际金融实力都整体跃升。其中，第 I 级城市集群恰好有四个，正是传统的北京、上海、广州、深圳四大城市。这四座城市的国内金融实力平均得分 0.768，而国际金融实力平均得分 0.394，说明四座城市之间国际金融实力的差距明显。此外，I 级城市的平衡比率为 0.528，表明在内外金融网络节点中都居于中心地位，具有金融中心的特征，因此，把 I 级城市归为中心型金融城市。进一步对 II 级城市和 III 级城市类别进行综合分析，可以发现两者之间最明显的差异就在于城市在外部节点中的地位。III 级城市的国际金融实力得分平均只有 0.007，而平衡比率为 0.073，显示这些城市中外资金融极少存在，城市的金融服务主要由国内银行提供。根据这一特点，III 级城市可以归为内向型金融城市。与之形成鲜明对比，II 级城市的国际金融实力为 0.085，是 III 级城市的 10 倍多，而平衡比率达到 0.335，说明这些城市在国际金融网络中发挥重要的节点作用，不可或缺。这一特点，符合外向型金融城市的定义，因此把 II 级城市归为外向型金融城市。

表4.5　　　　　　　　　　　　　　类中心特征

级别	类型	N	内网排名得分	外网排名得分	平衡比率	综合得分前四名城市（从左到右，得分下降）
III级	内向型	66	0.116	0.007	0.073	福州、郑州、昆明、哈尔滨
II级	外向型	19	0.298	0.085	0.335	天津、重庆、成都、苏州
I级	中心型	4	0.768	0.392	0.528	上海、北京、广州、深圳

注：城市的综合得分计算采取加权平均方法，内网排名得分和外网排名得分的权重各为50%。

（三）全国主要城市金融实力强弱的空间分布特征

中国经济最发达的三个地区，即"京津冀""长三角"和"珠三角"也是中国金融最发达的三个地区。其中，北京、上海、广州、深圳四大城市为"金融中心型"城市。

从空间结构看，以北京、天津为核心金融城市的"京津冀"，形成了北方的金融发达地区、以上海为龙头、沿长江一线城市群形成了中部的金融发达地区，而广州、深圳为区域核心，形成了辐射南部的金融发达地区。北、中、南三个金融发达区域基本等距分布。足够的距离间隔，意味着北、中、南三个地区的金融成长都存在拓展腹地。相对而言，上海的地理位置最优越，居于中心。金融辐射力一般是随着地理距离的增加而递减，相对北部和南部的核心城市，居于地理中心位置的上海更具有辐射全国的先天优势。

（四）金融网络关联体系下上海与国内核心城市的金融地位比较

我们分别从国内和国际，两个金融网络关联体系下分析上海的情况。国内金融网络影响力排序中，北京和上海相对其他城市的金融优势明显，属于第一集团，广州、深圳与上海差距明显，而北京的得分略高于上海，排名第一，见图4-8（b）。这一现象并不意外，由于北京是首都，以及历史沿袭的原因，许多国内金融机构，特别是大型国有银行，通常都把总部设在北京，把业务部门设在上海，这就使得北京在国内金融网络中的等级高于上海。

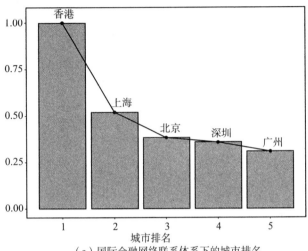

（a）国际金融网络联系体系下的城市排名

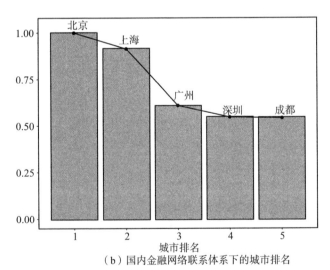

（b）国内金融网络联系体系下的城市排名

图 4.8　两个金融网络联系体系下的城市排名

与之形成对比，由于 20 世纪 90 年代以后，把上海建设成为国际金融中心成为国家战略，放开金融规制后进入中国的外资银行通常把上海作为进入中国的"桥头堡"，多年发展后已显现规模效应，奠定了上海在国际金融网络中的等级要高于北京。但如果我们以香港特区作为参照标准的话，上海金融国际化的程度与香港又存在不小差距，这与前文分析上海在全球金融体系中地位的计算结果一致。

（五）城市群视角下上海与国内核心城市所在区域的空间金融结构比较

进一步分析北、中、南三个金融发达地区的城市群结构，可以看到北部金融发达地区和南部发达地区是"双中心"结构，但北京的金融等级要显著高于天津，具有强弱式"双中心"特点，而区域内其他重点城市的金融等级普遍较低，区域内金融资源集中度高。"珠三角"地区的"双中心"结构，则与"京津冀"地区不同，广东、深圳的金融实力比较均衡，金融外部网络重要性得分深圳略高于广州，而金融内部网络重要性得分，广州又略高于深圳，具有平衡式"双中心"特点，区域内的其他重点城市的金融等级都相对较低，集中于广州－深圳轴线周围。而"长三角"地区是"单中心"结构，上海独占鳌头，而值得注意的是，地区其他重点城市的金融等级也相对较高，形成由点及面的区域散布特征。

北、中、南三个金融发达地区的城市群结构中，上海面临的地区竞争相对较少，而区域内城市群的整体金融实力较强，这进一步巩固了上海的金融中心地位，区域内合作大于竞争。

北部"京津冀"地区虽然存在"双中心"，但强弱分明，地区的合作要大于竞争，而随着"京津冀"一体化规划的提出，北京和天津同城化的趋势会加快，天津滨海新区的金融创新会提升天津的金融实力和影响力。

"珠三角"平衡型双中心结构，由于两个核心城市相差不大，区域内广州和深圳存在较强的内部竞争。另一方面，由于紧靠国际金融中心香港，对广州、深圳的金融发展存在一定的压制。

三、核心城市演化为金融中心的驱动因素分析

为了全面认识在城市金融发展以及城市金融类型形成过程中，哪些因素发挥了重要作用，需要对影响的来源做一个理论分析。对于中国城市的情况，我们认为应该从地理、经济、交通、制度这四个方面深入探究。

首先，需要考虑地理因素。

城市的地理位置是城市的重要特征，某种程度上也是城市经济发展的资源条件。在大国经济中，大国的不同地区，由于资源禀赋的差异，在区域竞争和区域分工规律共同作用下，通常会形成不同的经济发展特色。最常见的两个类型就是"内向型"城市和"外向型"城市，地理区位差异成为两类城市形成的关键因素。沿海地区由于靠近港口，航运发达，得益于禀赋资源，海外贸易更容易主导地区经济的发展；而内陆地区，受制于区位因素，与外界的交通成本较高，海外贸易是比较劣势，通常需要通过沿海节点城市进行中转，间接与外部世界产生联系，因而更容易形成地域性的封闭经济体系。考察影响城市金融类型形成的原因，显然地理因素不可忽视。

其次，地区金融发展的原动力来自地区经济发展的资金需求，也就是说，地区金融的特征通常适配于地区经济的发展特点。

因此，城市的经济发展程度可能会是影响城市金融类型形成的重要因素。

第三，我们要考虑交通的影响。

交通运输方式的变革，改变了传统的发展约束，例如，生鲜货物的航空运输，使得食材已不受季节影响，彻底颠覆了传统意义上距离的概念，地理区位的比较优势由于交通方式的改变在某种程度

上已经大大弱化。现代交通运输方式，例如，航空在一个城市的发展，缩短了城市与其他地区的快速到达时间，提升了商务活动的便利性。特别是对于内陆城市而言，与外部的交流不必通过沿海城市作为中转，也有机会成为地区甚至世界性的交通枢纽。这就意味着，交通因素某种程度上会抵消地理区位因素的影响。在城市金融类型的形成过程中，究竟是交通因素还是地理因素起着主导作用，这是研究必须重点考虑的。

最后，基于中国转型经济的国情，需要考察制度差异对城市金融特征形成的影响。中国不同的城市有着不同的行政级别，直辖市、副省级地市、地级市等。显性的差别是城市级别不同，而隐性的差别在于城市获得的发展资源不同，特别是城市的区域性定位和相应的远景规划，这些决定城市成长空间的公共决策方面，较高行政级别的城市往往能够获得更多倾斜性的支持。城市金融资源的增加需要金融机构不断集聚，而金融机构在一个城市建立业务部门的意愿很大程度上取决于对城市金融需求的判断。更高行政级别的城市更容易成为区域的节点，自然会更多地得到金融机构的青睐。

为此，我们引入四组 10 个解释变量，分别从地理特征、经济特征、制度特征和交通特征四个角度分析影响，见表 4.6。

表 4.6　　　　　　　　　　解释变量说明

变量 类别	变量名称	变量缩写	计算方法
经济 特征	国内生产总值	GDP	以最大的城市 GDP 值作为基数调整为相对数
	人口比例	Popr	以最大的城市人口数作为基数调整为相对数
	服务业比重	Serv	服务业 GDP 除以 GDP
	贸易比重	Tradr	进出口贸易额除以 GDP
	外商直接投资比重	Fdir	外商实际投资额除以 GDP
地理 区位	离金融中心距离	Dfcity	与北京、上海、深圳三地最短直线距离
	离港口距离	Dport	与 40 个沿海港口最短直线距离

变量类别	变量名称	变量缩写	计算方法
交通特征	航空运输量	Freight	以最大的城市航空运输量作为基数调整为相对数
	铁路运输量	Train	以最大的城市铁路运输量作为基数调整为相对数
制度特征	行政级别	Provrk	虚拟变量。副省级以上城市设为1，其他设为0

我们分别以 SG_n、SG_n^*、B_n 作为被解释变量，构造回归模型：

$$SG_n = \beta_0 + \sum \beta_j x_j + \epsilon$$

$$SG_n^* = \beta_0 + \sum \beta_j x_j + \epsilon$$

$$B_n = \beta_0 + \sum \beta_j x_j + \epsilon$$

$$ln(P/(1-P)) = \beta_0 + \sum \beta_j x_j + \epsilon \qquad (4-12)$$

式（4-12）中，x_j 表示地理、经济、制度和交通四个方面的解释变量，最后一个等式是逻辑回归模型，使用剔除"中心型"金融特征的四个子样本。P 表示的是"外向型"金融特征城市的概率，而（$1-P$）则表示剩下的"内向型"金融特征城市的概率。

地理区位指标中，离港口距离 Dport 通过计算城市离开中国 40 个沿海港口最短距离获得；离金融中心距离 Dfcity 通过计算城市离开北京、上海、深圳的最短距离获得；其他被解释变量的数据取自《中国城市统计年鉴》。

特别需要注意的是，对于外部金融网络重要性得分，Fdir 的影响系数为 1.287，在 5% 水平下显著，说明存在显著影响，见表 4.7。而在模型 1 中，Fdir 的系数统计不显著，即对内部金融网络重要性得分没有影响。这一点和理论相符，外资初入中国，服务其投融资需求的金融中介必然是与其有着长期业务关系的银行；对银行而言，跟随式地进入，也成为银行服务其核心客户的必然选择。因此，Fdir 投资量大的城市，其国际金融服务的需求量也要大，这种需求引致了以外国银行为代表的国际金融资源的集聚。

表 4. 7　　城市金融类型差异影响因素的计量分析

	Model 1	Model 2	Model 3	Model 4	Model 5
被解释变量	内网重要性得分 Drk	内网重要性得分 Drk	外网重要性得分 Frk	平衡比率 FD ratio	虚拟变量 O vs C
Intercept	-0. 050 (-1. 48)	-0. 036 (-0. 92)	0. 007 (0. 32)	0. 205 (1. 73)	-4. 895 (1. 486)
GDP	0. 587 *** (11. 45)	0. 601 *** (11. 83)	0. 159 *** (4. 48)	-0. 031 (-0. 18)	11. 514 ** (4. 387)
Popr	0. 048 (0. 95)	0. 035 (0. 68)	-0. 018 (-0. 52)	0. 011 (0. 06)	-3. 044 (0. 410)
Serv	0. 002 ** (2. 18)	0. 002 * (1. 86)	-0. 001 (-1. 04)	-0. 004 (-1. 37)	-0. 025 (0. 079)
Tradr	0. 158 * (1. 91)	0. 135 * (1. 64)	0. 171 *** (2. 98)	0. 934 *** (3. 25)	16. 415 * (3. 646)
Fdir	0. 749 (-0. 96)	-0. 801 (-1. 03)	1. 287 ** (2. 39)	1. 542 (0. 57)	209. 100 (0. 801)
Dfcity	-0. 021 (-0. 54)	-0. 009 (-0. 23)	-0. 050 * (-1. 86)	-0. 036 (-0. 27)	-1. 306 (0. 098)
Dport	0. 060 * (1. 74)	-0. 002 (-0. 05)	0. 038 (1. 59)	-0. 008 (-0. 07)	1. 338 (0. 148)
Freight	0. 292 *** (5. 42)	0. 316 *** (5. 76)	0. 287 *** (7. 69)	0. 355 * (1. 90)	10. 758 (1. 228)
Train	-0. 086 ** (-2. 58)	-0. 068 ** (-1. 99)	-0. 020 (-0. 87)	0. 102 (0. 89)	-2. 106 (0. 298)
Provrk	0. 026 * (1. 87)		-0. 005 (-0. 56)	0. 035 (0. 74)	0. 133 (0. 008)
Provrk * dport		0. 072 * (1. 79)			
AR^2	0. 949	0. 949	0. 901	0. 304	
Lratio					35. 685

　　我们重点分析地理因素对城市金融类型形成的影响。可以发现，以"外部金融网络重要性得分"为被解释变量的 Model 3 中，衡量城市与金融中心距离的解释变量 DFcity 的系数为 - 0.05，在 10% 水平下显著，而以"内部金融网络重要性得分"为解释变量的 model 1 中则不显著。这表明，越靠近金融中心，城市金融的外向型特征也就越明显。也表明金融中心具有辐射效应，作为中心腹地的周边城市，是区域城市集群的一部分，也是国际资本集聚的网络节点。

　　分析与港口的距离 Dport 变量，Model 1 的系数为 0.06，在 10% 的水平下显著，而 Model 3 在统计上则不显著。这似乎意味着，不存在区位优势的内陆城市反而在"内部金融网络重要性得分"上高于沿海城市，如何解释这种反常现象呢？仔细分析 Model 1，可以看到行政级别的虚拟变量 Provrk 为 0.026，在 10% 水平下显著，这说明城市的"政治级别"对"内部金融网络重要性得分"影响显著。对比 Model 2 引入交互变量 Provrk * dport 的结果，此时 Dport 变量统计不显著，而交互变量系数为 0.072，在 10% 统计水平上显著。综合分析 model 1 和 model 2 的结果，我们可以得出一个合理的解释，即由于政治制度的安排和历史的原因，国内金融资源集中在行政级别更高的省会级城市，而中国约 2/3 的省区市居于内陆，意味着相应数量的省会级城市远离沿海地区，这也造成了不存在区位优势的内陆城市反而在"内部金融网络重要性得分"上高于沿海城市。

　　而外国金融机构进入中国主要集中在改革开放以后，城市国际金融资源的集聚更多反映的是市场选择的结果。靠近国内金融中心的城市，经济结构更外向，吸引外资比重更高，就更能够吸引国际金融资源的集聚。相反，内陆的一些省会级城市，如兰州、西宁、贵阳等，这类"内向型"特征的金融类型城市，虽然区域地位重要，但经济结构内向型特征明显，主要提供内部金融服务为主，因而无法吸引国际金融资源的集聚。

　　进一步分析交通因素，在 Model 1 和 Model 3 中航空客运量 Freight 的系数为正，且在 1% 的水平下显著。而铁路货运量 Train 的系数，Model 1 中为 -0.086，在 5% 水平下显著，Model 3 中统计不显著。由于交通能够有效缩短地理距离，金融资源自然向交通枢纽集聚，但金融的特殊性在于它是服务性而非生产性的产业，因而向商务活动便捷的交通枢纽城市集聚而不是向货物运输的交通枢纽集聚。

　　Model 4 中被解释变量为平衡比率得分，用以分析造成一个城市内外金融平衡比率差异的主要影响因素。外贸比重 Tradr 和航空客运量 Freight 两项系数分别在 1% 和 10% 的统计水平下显著。Model 1 和 Model 3 中，外贸比重 Tradr 和航空客运量 Freight 都是影响金融资源集聚的因素，而 Model 4 的结果进一步告诉我们，相对而言，国际金融资源的集聚对这两个因素更为敏感。

　　Model 5 在聚类分析划分城市类型的基础上，利用逻辑回归模型，分析造成城市出现"内向"与"外向"两种金融类型差异的主要原因。分析结果可以发现，变量经济规模 GDP 和航空客运量 Freight 系数为正，且分别在 1% 和 10% 水平下显著。这说明，"外向型"金融的城市，其经济规模上要显著大于"内向型"金融的城市，而且经济总量中外贸比重更高，经济结构也更趋于外向。

　　需要指出的是，Model 4 和 Model 5 的结果略有差异，这是因为计量的被解释变量不同。其中，Model 4 的被解释变量是相对指标——金融平衡比率，在之前的聚类分析中这只是一个维度，而聚类分析还包含 2 个绝对指标，因而建立在聚类基础上的 Model 5 是城市综合性的差异分析。

　　可见，对于作为先进服务业的金融而言，后天形成的交通条件比先天的地理区位对城市更重要。某种程度上，是经济规模、经济结构和交通条件三者共同决定了城市的金融属性。

第三节　金融维度视角下国内其他主要城市的
发展对上海建设全球城市的影响

基于网络联系度的方法，我们进一步分析了上海与顶级全球金融中心的差距，结果发现在上海设有总部级机构的金融类公司数量不足，且金融机构的跨国指数不高是造成这种差距的主要原因。而国内城市中，北京作为中国的政治中心，集聚大量的金融总部资源，对上海形成事实的"挤出效应"，成为上海提升金融能级的主要制约因素。

对比香港特区可以发现，在世界 500 强的金融类公司中，虽然没有任何公司将全球总部设在香港特区，但是却有 15 家公司将亚太地区总部设在香港特区，而在上海设有类似地区总部的公司只有 2 家。而与纽约、伦敦以及东京相比，上海的金融类公司的总部机构数量显得更加不足，上海不仅金融类公司的总部级机构数量不足，而且已有的金融类机构的跨国指数不高（或者说国际化程度不高）。在财富 500 强企业中，将总部设在上海的金融类公司只有 3 家，分别是交通银行、上海浦东发展银行和中国太平洋保险公司。

由此可见，上海的金融类机构总部资源不足，同时总部资源的跨国指数不高，导致上海与其他节点城市的金融联系能级较低，这是造成上海与顶级节点城市相比，在全球金融网络体系中的"中心度"偏低的重要原因。

从国内和国际金融网络联系能级的角度分析，北京和上海相对其他城市的金融优势明显，属于第一集团，另外两个金融中心型城市广州、深圳则与上海差距明显，属于第二集团。而北京和上海比较，国际金融网络的联系能级上海要高于北京；但在国内金融网络的联系能级的比较上，北京的得分却要高于上海，排名第一。由于北京是首都，以及历史沿袭的原因，许多国内金融机构，特别是大型国有银行，通常都把总部设在北京。90 年代以后，把上海建设成为国际金融中心已经成为国家战略。即便如此，在过去的 20 多年中，上海仍然无法改变国内金融总部资源集聚北京的现实。可见，在不主动放弃的情况下，北京对国内的金融资源有很强的"制度粘性"，这成为上海国际金融中心建设过程中的一个重要"瓶颈"。

随着北京发展思路的转变，疏散非首都的中心功能，定位于政治、文化、科创、国际交流中心，使得金融总部资源的流动成为可能，但上海仍然面临着天津的竞争。北方金融中心未来的发展关键在于，北京和天津双城分工是否能够有效形成，即北京承担政治职能、天津承担经济职能。以金融创新为发展目标的天津对北京金融总部资源的吸引有地理上的"临近优势"，是上海吸引金融总部资源的最大竞争对手。上海必须抓住"上海自由贸易试验区"带来的金融体制创新"先行先试"的重大机遇，大力推进金融会计准则、利率市场化、货币可兑换性、市场准入和金融监管等方面的制度创新，积极探索具有包容性、竞争性并与国际接轨的现代金融体制，同时尽快提升金融市场的对外开放度，通过构建国内领先的制度环境，才能在城际竞争中领先一步，成为未来金融机构总部的"集聚地"和高端国际金融资源的"指向地"。

从空间结构看，以北京、天津为核心金融城市的"京津冀"，形成了北方的金融发达地区、以上海为"龙头"、沿长江一线城市群形成了中部的金融发达地区，而广州、深圳为区域核心，形成了辐射南部的金融发达地区。相对北部和南部的核心城市，居于地理中心位置的上海更具有辐射全国的先天优势。

北、中、南三个金融发达地区的城市群结构中，上海面临的地区竞争相对较少，而区域内城市群的整体金融实力较强，进一步巩固了上海的金融中心地位，区域内合作大于竞争。北部"京津冀"地区虽然存在"双中心"，但强弱分明，地区的合作要大于竞争，而随着"京津冀"一体化规划的提出，北京和天津同城化的趋势会加快，天津滨海新区的金融创新会提升天津的金融实力和影响力。

"珠三角"平衡型双中心结构，由于两个核心城市相差不大，区域内广州和深圳存在较强的内部竞争。另一方面，由于紧靠国际金融中心香港特区，对广州、深圳的金融发展存在一定的压制。

此外，对于作为先进服务业的金融而言，后天形成的交通条件比先天的地理区位对城市更重要。某种程度上，是经济规模、经济结构和交通条件三者共同决定了城市的金融属性。

对于上海而言，要巩固金融中心的地位，首先，经济规模上应继续保持国内领先地位，要深化产业结构调整，推动先进制造业和生产性服务业成为产业结构中的支柱产业，确保经济发展的活力和创造力。

其次，上海要进一步提升金融的国际化水平，充分利用自贸区的先行先试政策，推动金融创新，吸引更多跨国金融机构在上海开展业务，从而进一步提升上海金融的国际化程度。

最后，就是加大力度推进国际空港的建设，建设虹桥、浦东两个机场之间的快速交通网络体系，加强两个机场之间的联动；完善机场与市区核心商务区的快速交通网络体系，提升商务的便捷、舒适程度。

参 考 文 献

Allen, F., Faulhaber, G. R., 1989. Signaling by underpricing in IPO market. Journal of Financial Economics 23, 303 – 323.

Becker, B., Cronqvist, H., Fahlenbrach, R., 2011. Estimating the effects of large shareholders using a geographic instrument. Journal of Financial and Quantitative Analysis 46, 907 – 942.

Bodnaruk, A., 2009. Proximity always matters: local bias when the set of local companies changes. Review of Finance 13, 629 – 656.

Castells M. Network Society [M], Oxford: Blackwell. 1996.

Chen, G., Firth, M., Kim, J. B., 2004. IPO underpricing in China's new stock market. Journal of Multinational Financial Management 14, 283 – 302.

Chi, J. , Padgett, C. , 2005. Short-run underpricing and its characteristics in Chinese IPO markets. Research in International Business and Finance 19 (1), 71 –93.

Coval, J. , Moskowitz, T. , 1999. Home bias at home: local equity preference in domestic portfolios. Journal of Financial Economics 91, 208 –226.

Derudder B, Taylor P J. The cliquishness of world cities Global Networks, 2005, 5 (1): 71 –91.

Engelberg, J. , Parsons, C. , 2011. The causal impact of media in financial markets. Journal of Finance 66, 67 –97.

Friedman J. The world city hypothesis [J]. Development and change, 1986, 17, (1): 69 –83.

Grinblatt, M. , Hwang, C. Y. , 1989. Signaling and the pricing of unseasoned new issue. Journal of Finance 44, 393 –420.

Hall P. The World Cities [M]. London : Heinemann, 1966.

Hansen B. E. Threshold effects in non-dynamic panels: Estimation, testing, and inference [J]. Journal of econometrics, 1999, 93 (2): 345 –368.

Hau, H. , 2001. Location matters: an examination of trading profits. Journal of Finance 56, 1959 – 1983.

Hong, H. , Kubik, J. , Stein, J. , 2008. The only game in town: stock price consequences of local bias. Journal of Financial Economics 90, 20 –37.

Huberman, G. , 2001. Familiarity breeds investment. Review of Financial Studies 14, 659 –680.

Ivkovic, Z. , Weisbenner, S. , 2005. Local does as local is: information content of the geography of individual investors' common stock investments. Journal of Finance 60, 267 –306.

Jacobs Jane. The Economy of Cities [M]. Vintage Books, New York. 1969.

Kashian R, Brooks T J. Regional Differences and Underwriter Location in Initial Public Offerings [J]. Industrial Geographer, 2004, 2 (1).

Korniotis, G. , Kumar, A. , 2012. State-level business cycles and local return predictability. Journal of Finance.

Loughran T. The impact of firm location on equity issuance [J]. Financial Management, 2008, 37 (1): 1 –21.

Malloy, C. , 2005. The geography of equity analysis. Journal of Finance 60,

719 – 755.

Pirinsky, C. , Wang, Q. , 2006. Does corporate headquarters location matter for stock returns? Journal of Finance 61, 1991 – 2015.

Sassen S. Cities in a world economy [M]. London: Pine Forge Press. 1994.

Sassen S. On concentration and centrality in the global city [N]. In: Knox P. L. & Taylor P. J. (Eds) World Cities in a World – System. Cambridge (UK), Cambridge University Press, pp. 63 – 78. 1995.

Sassen S. The global city [M]. Princeton: Princeton University Press, 1991.

Seasholes, M. , Zhu, N. , 2010. Individual investors and local bias. Journal of Finance. 65, 1987 – 2010.

Smith David A. and Michael Timberlak. World City Networks and Hierarchies: An Empirical Analysis of Global Air Travel Links [J]. American Behavioral Scientist. 2001, 44 (10): 1656 – 1678.

Taylor P. J. Specification of the World City Network [J]. Geographical Analysis. 2001, (33) 2: 181 – 194.

Welch, I. , 1989. Seasoned offerings, imitation costs and the underpricing of initial public offerings. Journal of Finance 44, 421 – 449.

党亚茹, 彭丽娜. 基于复杂网络中心度的航空货运网络层级结构 [J]. 交通运输系统工程与信息. 2012 (3): 109 – 114.

董大勇, 肖作平. 证券信息交流家乡偏误及其对股票价格的影响: 来自股票论坛的证据 [J]. 管理世界, 2011 (1): 52 – 61.

顾朝林, 陈璐. 从长三角城市群看上海全球城市建设 [J]. 地域研究与开发. 2007, (26) 1: 1 – 5.

李广川, 邱菀华, 刘善存. 投资者结构与股价波动: 基于过度自信和注意力分配的理论分析 [J]. 南方经济, 2009, 2009 (4): 12 – 23.

倪鹏飞, 刘凯, 彼得·泰勒. 中国城市联系度: 基于联锁网络模型的测度 [J]. 经济社会体制比较, 2011, (6): 96 – 103.

王聪, 曹有挥, 陈国伟. 基于生产性服务业的长江三角洲城市网络 [J]. 地理研究, 2014, (2): 323 – 335.

王志平. 上海建设国际大都市的战略与途径 [M]. 上海人民出版社. 2010.

吴卫星, 汪勇祥, 梁衡义. 过度自信, 有限参与和资产价格泡沫 [J]. 经济研究, 2006, 2006 (4): 115 – 127.

肖林. 上海迈向全球城市的战略路径. 全球化. 2013, (2): 96 - 128.

杨永春, 冷炳荣等. 世界城市网络研究理论与方法及其对城市体系研究的启示. 地理研究, 2011, (6): 1009 - 1020.

姚永玲, 董月, 王韫涵. 北京和首尔全球城市网络联系能级及其动力因素比较. 经济地理. 2012, (8): 36 - 42.

张婷麟, 孙斌栋. 全球城市的制造业企业部门布局及其启示. 城市发展研究. 2014 (4): 17 - 22.

张维, 张永杰. 异质信念、卖空限制与风险资产价格. 管理科学学报, 2006, 9 (4): 58 - 64.

张小成, 孟卫东, 熊维勤. 机构和潜在投资者行为对 IPO 抑价影响. 系统工程理论与实践, 2010, 2010 (4): 637 - 645.

张艳. 我国证券市场泡沫形成机制研究——基于进化博弈的复制动态模型分析. 管理世界, 2006, 2006 (10): 34 - 40.

赵渺希, 刘铮. 基于生产服务业的中国城市网络研究. 城市规划. 2012, (36) 2: 23 - 28.

周春生, 杨云红. 中国股市的理性泡沫. 经济研究, 2002, 2002 (7): 33 - 90.

周振华. 上海城市嬗变及展望. 格致出版社. 2010.

第五章

投资贸易维度下国内主要城市的发展及其对上海建设全球城市的影响

第一节　国外、国内 FDI 与贸易的发展格局

一、国外与国内 FDI 的发展格局

从全球视角来看，自 2008 年爆发金融危机以来，全球经济增长缓慢，图 5.1 显示了 2008 年以来全球 FDI 总量和增长速度的情况。近年来，全球 FDI 增长速度的波动加大，FDI 总量难以恢复到 2008 年之前的水平，世界经济发展陷入停滞阶段，世界经济总量增速长期保持在平均 2.38% 的水平。

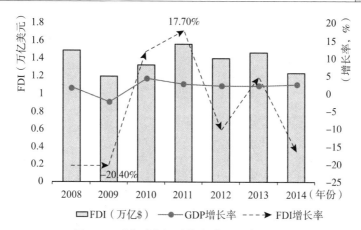

图5.1　后金融危机时代全球 FDI 发展状况

资料来源：*World Investment Report* 2015。

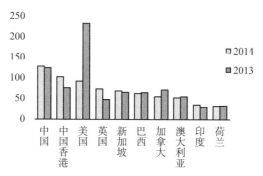

图5.2　2013～2014年度全球主要经济体 FDI 状况（单位：十亿美元）

资料来源：*World Investment Report* 2015。

从国内视角来看，2014 年中国首次成为世界第一大 FDI 流入国，如图 5.2 所示。当前，中国工资水平逐年提升，低成本优势日趋减弱，外资审查日渐严格和一些外资企业纷纷撤资的情况下，流入制造业的 FDI 有所下降，流入金融、房地产、商务和租赁等服务业的 FDI 有所增加，见图 5.3。中国 FDI 的这种变化，凸显外来投资逐渐由过去的"低成本优势"投资策略向现在的"高附加值优势"投资策略转变。这有利于中国经济发展的转型和经济增长动力的转换。

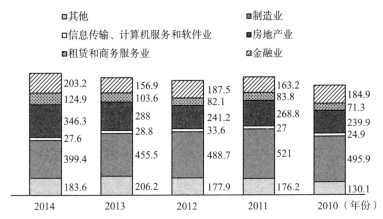

图 5.3　近 5 年来中国 FDI 流入部门情况（单位：亿美元）

资料来源：wind 数据库。

此外，在对外投资方面，中国对外投资排名第三，仅次于美国和中国香港地区，领先于日本和德国，如图 5.4 所示。2014 年，中国 FDI 流出增长约 16%，继续稳步推进"走出去"战略。随着"一带一路"战略的施行，未来战略沿线国家将成为中国 FDI 的主要流向地区之一。然而，由于"走出去"的本土跨国企业缺乏国际化经营的人才，使得中国对外资本输出比例相对偏低。2014 年，相对于中国的经济总量，中国对外 FDI 流出量仅占世界 FDI 总量的9.4%，明显偏低。

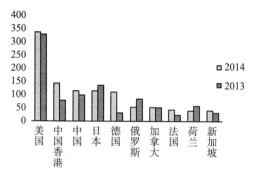

图 5.4　2013～2014 年度全球主要经济体 FDI 状况（单位：十亿美元）

资料来源：*World Investment Report* 2015。

　　综上所述，随着国内资本的充裕和本土跨国公司资本实力的增强，在国内投资回报率下降和国内对能源、资源以及先进技术需求增加的大环境下，驱动了国内资本对外投资增速加快。随着中国外资输出的增速远远高于外资流入的速度，中国即将成为外资净输出国，这对上海建设全球城市带来了巨大的挑战和机遇。

　　一方面，由于本地跨国公司的匮乏和为本土企业进行境外投资活动提供相关服务部门的缺失，使得上海缺乏本地资本输出竞争力和境外投资的风险防范与纠纷处理手段，从而不利于上海全球城市的建设；另一方面，由于目前国内各主要城市尚未形成资本输出的"本土服务中心"，因此依托更加开放、更加国际化的发展背景和禀赋状况，打造本土"资本输出服务中心"将成为上海实现全球城市建设的重要一环。

二、国外和国内的贸易发展格局

　　图 5.5 显示了 2008 年以来全球贸易总量的增长状况，2011 年，全球贸易总量恢复到 2008 年水平，随后缓慢增长。

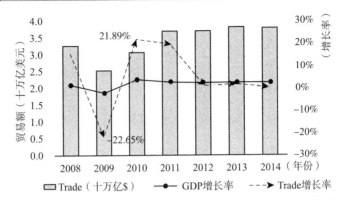

图 5.5　后金融危机时代全球贸易发展状况（单位：十万亿美元）

资料来源：*World Investment Report* 2015。

从地区经济的角度看，中国贸易总量占世界贸易总量比重超出经济总量占比约 1.8%，中国对世界贸易的贡献和在世界上的贸易地位依然无可替代。

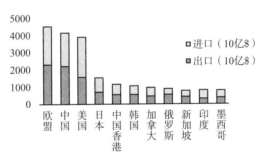

图 5.6　2013 年世界主要经济体贸易总额情况

资料来源：*world trade report* 2014。

2013 年，欧盟依然是世界第一大贸易经济体，其次为中国和美国；中国出口约占世界出口总额的 14.7%，进口额约占 12.9%，仍然处于贸易顺差状态；世界前三大经济体贸易总量约占世界贸易总量的 41.8%。2013 年中国经济总量占世界经济总量约 12%，见

图 5.6、图 5.7。

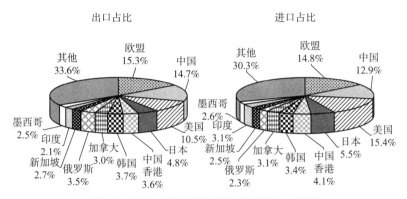

图 5.7　2013 年世界主要经济体贸易占比情况

资料来源：*world trade report* 2014。

从中国服务贸易来看，中国服务贸易总量占比较小，但增长较快，服务贸易进出口总量逐年递增，5 年内进口服务贸易增长 108%，出口服务贸易增长 63.8%；服务贸易以咨询、计算机与信息、建筑、广告宣传和其他商业服务见长，而在专利使用、保险服务、运输服务和旅游方面逆差特别明显，见图 5.8、图 5.9。

此外，在中国服务需求不断扩大的情况下，中国已成为服务贸易逆差最大的国家，进出口服务贸易逆差由 2009 年的 295 亿美元扩大到 2013 年的 −1185 亿美元（见图 5.8）。服务需求相对供给的缺口无法在短时间内清除已经成为制约中国发展的重要因素，因此服务贸易的逆差状况亟待扭转。

从货物进出口来看，货物进出口额逐年递增，其中，出口产品以工业制成品为主，年均达到 95% 左右，出口比例略微下降，而进口工业制成品比例逐年下降，初级产品比例增大，虽变动百分比较小，但由于中国货物贸易总量较大，因此贸易产品的变动绝对量依然可观，见图 5.8。

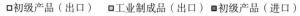

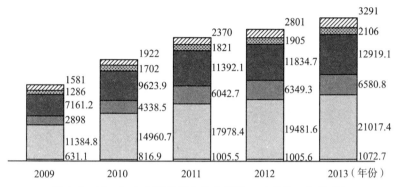

图 5.8　近 5 年来中国贸易产品分类情况（单位：亿美元）

资料来源：数析网。

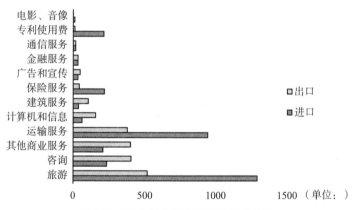

图 5.9　2014 年中国服务贸易分类情况

资料来源：数析网。

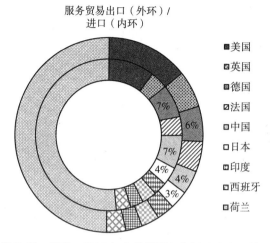

图 5.10 2012～2013 年度世界服务贸易国家占比情况

资料来源：*Recent Trends in U. S. Services Trade* 2014 *Annual Report*。

综合来看，中国贸易虽然发展较快，但服务贸易发展滞后于货物贸易的发展，贸易结构不够合理，服务贸易占世界份额较低且逆差不断扩大。但我们依然可以看到，随着国家工业化的发展，中国经济结构已经从产业最低端逐渐向中高端升级。上海要建设全球城市必须加强服务贸易方面的建设，扭转逆差局面，引领国内服务贸易做大做强，实现以高附加值服务贸易为主的贸易主导地位。

第二节 全球投资贸易枢纽的
历史演变与国际经验

一、全球投资贸易枢纽的历史演变

14、15 世纪随着文艺复兴的兴起，地中海沿岸的国家和地区最先敲开了近代文明的大门，也出现了最早的贸易中心，如地中海贸易区的威尼斯和佛罗伦萨，北海和波罗的海贸易区的弗兰德斯。15世纪末地理大发现后，葡萄牙、西班牙日益强盛，贸易中心也由地中海沿岸转向大西洋沿岸，如安特卫普、巴萨罗那和里斯本等。17世纪，荷兰崛起成为新一代的海上霸主，荷兰的阿姆斯特丹也成为新的投资和贸易中心。进入18世纪60年代以后，工业革命首先在英国爆发，英国迅速崛起为世界经济的重心，伦敦也成为新一代的世界投资贸易中心。进入20世纪，经历了两次世界大战后，美国取代英国成为世界霸主，纽约也迅速崛起成为全球的投资贸易中心；20世纪末，东京、新加坡、中国香港利用自身得天独厚的区位优势，成为继伦敦和纽约之后重要的国际贸易中心和国际金融中心。

进入21世纪以来，中国把握改革开放的历史机遇日益崛起，以美欧日为代表的西方发达国家则始终没能走出全球金融危机后经济增长的低迷状态，世界政治经济的重心日益表现出从西方向东方转移的发展态势。纵观全球投资贸易枢纽的历史演变，不难发现，每一代投资贸易枢纽的更迭都与其所在国家的兴衰密切相关。随着中国在全球经济中的地位日益上升，中国理应出现一座与纽约和伦敦比肩的具有全球影响力的投资贸易枢纽城市。

二、全球投资贸易枢纽的国际经验

目前，纽约和伦敦依然是世界公认的综合竞争力最强的全球投资贸易枢纽，同时也是在全球城市网络体系中处于关节点地位的全球城市。东京、新加坡和中国香港紧随其后，是全球重要的贸易枢纽和国际金融中心。通过对比分析这些城市崛起为全球或区域性投资贸易枢纽的发展历程和发展趋势，不难发现，它们有着许多相似之处，而这也为上海建设全球投资贸易枢纽提供了宝贵的经验。

（一）一国经济发展状况，特别是投资贸易总量占世界份额的比例，是一国国内核心城市成为世界投资贸易枢纽的源动力

目前，世界上三大具有全球影响力的投资贸易枢纽城市是纽约、伦敦和东京。而三大城市成为全球投资贸易枢纽的根本原因是所在国家的经济、投资和贸易曾一度在世界经济中占据相对重要地位。图 5.11、图 5.12 和图 5.13 分别显示了三大城市所在国家在全球经济中比重的变化趋势。可以看到：

美国经济无论在经济总量还是在贸易总量和投资总量方面，都一直是排名世界第一。依托美国强大的经济、投资和贸易地位，纽约成为继伦敦之后全球第二个也是目前世界影响力最大的全球城市。但目前，美国的经济、投资和贸易比重基本呈现一种震荡下跌的趋势。

虽然英国在 1960 年之前曾经一度是世界第一强国，但随着美国的崛起和两次世界大战的爆发，英国逐渐衰落。1960 年以来，虽然英国在经济总量占比上保持相对稳定的地位，但在投资和贸易方面，英国占世界总量的比例逐渐下降，伦敦城市地位的下降也是显而易见的。近年来，英国虽然呈现下跌趋势，但下跌速度逐渐放慢，相对排名再次超过日本。

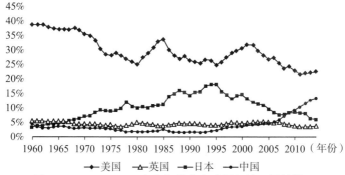

图 5.11　1960～2014 年各经济体占世界经济总量的情况

资料来源：wind 数据库。

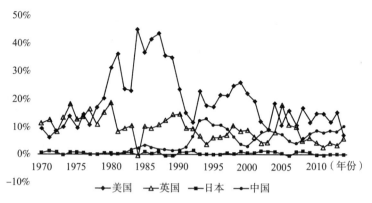

图 5.12　1960～2014 年各经济体占世界 FDI 流入总量的情况

资料来源：wind 数据库。

日本在第二次世界大战后经济开始腾飞，并逐渐超过英国，在 80 年代和 90 年代经济达到顶峰。此时的东京，在亚洲具有压倒性优势，并逐渐成为亚洲的经济、金融和贸易中心，并取代伦敦成为世界上仅次于纽约的第二大全球城市。而在经历了"经济泡沫"的破灭和 1997 年亚洲金融危机的打击之后，日本经济一蹶不振，成为美国、英国、日本、中国中经济总量和全球经济比例下降最快的国家。目前，总量上已经被中国超越。但截至 2014 年年末为止，按照城市圈经济总量排名，东京地区依然是世界第一大都市圈，而上海所在的"长三角"城市群位居第六。

中国经济从 1978 年改革开放以后开始快速增长，在 2010 年前后经济总量超过英国和日本，并逐渐逼近美国。2014 年，中国经济总量和 FDI 总量世界第一、贸易总量世界第一，已经成为仅次于美国的世界第二大经济体，但却尚无一座城市在全球城市网络体系和全球投资贸易网络体系中处于枢纽地位，这将不利于中国在全球经济活动中利益的维护和话语权的伸张。

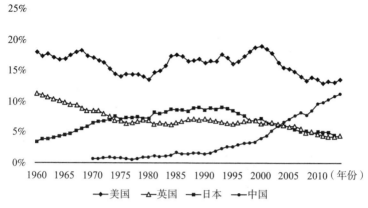

图 5.13 1960～2014 年各经济体占世界贸易总量的情况

资料来源：wind 数据库。

（二）全球城市的投资和贸易的增长速度会随着经济总量的增大而逐渐递减，但与其他城市相比全球城市经济发展"质量"和"体量"都具有压倒性优势

图 5.14 显示了近十年来纽约的对外贸易和伦敦的 FDI 情况，不难发现两座城市的贸易和投资总量基本呈现逐年递增，但增速却递减的趋势。

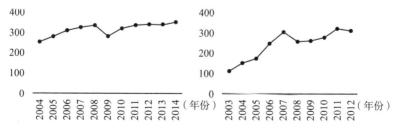

**图 5.14 近年纽约市贸易总额（单位：十亿美元）（左）、
近年伦敦 FDI 总额（单位：十万美元）（右）**

资料来源：*American Cities of the Future* 2015/16 报告、*The Economic Outlook For London* 2012。

剔除外部经济环境因素的影响，更多可能是本身经济规模较大，随着时间的推移，呈现一种边际递减的增长趋势。但不可否认的是，虽然增速下降了，但是作为发达经济体，依然具有强大的资本引力，增长的绝对量上依然具有压倒性优势，如图 5.15 所示。表 5.1 和表 5.2 显示了纽约市和伦敦市在美洲地区和欧洲地区的未来发展排名情况。

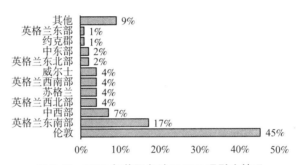

图 5.15   2013 年英国各地区 FDI 吸引力情况

资料来源：*The Economic Outlook For London* 2013。

表 5.1   2015 年美洲主要城市未来发展排名

城市	综合发展	经济潜力	人力资本和生活方式	全球联系度	商业便利性
纽约	1	2	4	1	1
旧金山	2	1	2	2	6
休士顿	3	6	5	3	2
波士顿	4	3	1	5	
多伦多	5	7		10	3
亚特兰大	6	5	8		9
迈阿密	7	8		4	8
芝加哥	8	9	9	9	
蒙特利尔	9				5
圣保罗	10	4			4
洛杉矶		10	7	6	

资料来源：*American Cities of the Future* 2015/16。

表 5.2　　　　　　　　　　欧洲主要城市发展状况排名

	综合竞争力	经济效率	城市吸引力	全球联系度	商业环境
布鲁塞尔		1	7	0.56	
法兰克福		3	4	0.57	
马德里		6		0.59	
巴黎		2	2	0.7	
米兰		5	8	0.6	
伦敦	1	4	1	1	1
苏黎世	2		8		2
日内瓦					3

资料来源: *Ernst & Young's attractiveness survey UK* 2013、*London's Competitive Place in the UK and Global Economies* 2011、*The Economic Outlook For London* 2012、《全球金融中心指数 1999》。

从产业结构来看，全球投资贸易枢纽的产业结构特征多以高附加值的生产性服务业为主导。在一座城市发展成为全球城市或者投资贸易枢纽的过程中，通常伴随着产业的转型升级，原有的以制造业、低附加值为主的产业结构逐渐向外转移，并最终在中心区域形成以高附加值生产性服务业为主导的产业结构特征。

自 20 世纪中期以来，伦敦的国际影响力逐年下降。但是直到今天，伦敦依然是全球主要的世界城市，也是著名的投资贸易枢纽之一。这与其城市产业的发展和变迁有着很重要的关系。随着城市地价的攀升、企业商业运营成本也逐年升高，使得内伦敦地区的制造业等不断向周围地区转移，而以商业服务和金融服务为主的高端服务业不断在市区集聚，高附加值的产业比例逐年升高，最终使得伦敦市在商务成本不断攀升的情况下，依然保持着较高的城市地位和资源配置能力，图 5.16 显示了伦敦自 1984 年以来的经济产业结构情况。

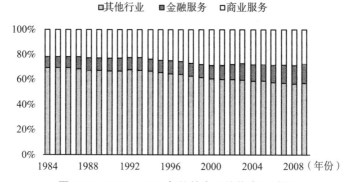

图 5.16　1984~2009 年伦敦产业结构变迁过程

资料来源：*The Economic Outlook For London* 2012。

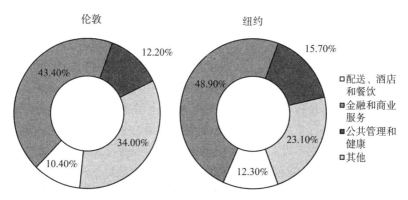

图 5.17　2008 年伦敦和纽约的产业结构情况

资料来源：*London's Competitive Place in the UK and Global Economies January*, 2011。

图 5.17 显示的是 2008 年，伦敦和纽约两大全球城市的产业结构特征。两市经济中在金融和商业服务方面比率均超过 40%，其中，纽约市更是高达 48.9%，经济结构呈现出典型的"高附加值型"特征。

从图 5.18 我们发现，全球城市 FDI 实际流入最多的为软件和 IT 产业、商业服务和金融服务三大产业，纽约市三者占据 FDI 流入量的约 65.4%，伦敦市约占 72.2%。高附加值产业已经成为全球城市主要的"引力产业"和"经济增长动力"。

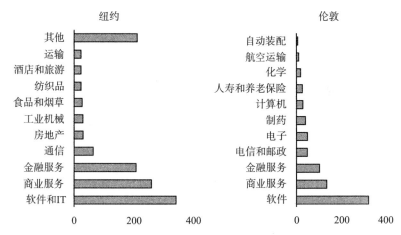

图 5.18 纽约市和伦敦市 FDI 项目实际流入情况（单位：十万美元）

资料来源：*U. S. Bureau of Economic Analysis. Foreign Direct Investment into New York*、*London's Competitive Place in the UK and Global Economies January*，2011。

数据说明：（纽约市：2003～2015 年 1 月；伦敦市：1997～2003 年）。

第三节 投资与贸易维度下上海与国内其他主要城市的比较分析

一、上海与国内其他主要城市发展的比较分析：FDI的视角

从城市圈的 FDI 流入总量和增速的比较来看，各大城市圈 FDI 总量是连年增长，但增长速度均趋向于零，如图 5.19、图 5.20 所示。这种状况的形成：一方面，是由于在当前世界经济增长疲软的

情况下，中国依然是世界资本的最佳投资地，从而使得 FDI 总量连年递增；另一方面，是由于近年来外来投资者自身资金状况不佳、各地区 FDI 体量的不断扩大和原有发展方式下自身优势的逐渐下降等使得 FDI 增长乏力，增长速度逐渐趋近于零。

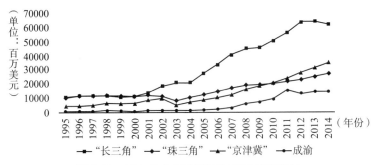

图 5.19 国内各大经济圈历年 FDI 情况统计

资料来源：wind 数据库。

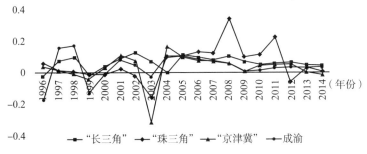

图 5.20 国内各大经济圈历年 FDI 增长率情况统计

资料来源：wind 数据库。

自 2001 年以来，"长三角"地区成为国内最大 FDI 流入地区；近年来，在 FDI 累积总量和年流入量上更是一直保持压倒性优势。但"京津冀"地区 FDI 的快速增长，一定程度上对"长三角"造成竞争压力。2014 年，"长三角"地区 FDI 流入约 621.3 亿美元，超过了"珠三角"和"京津冀"地区 FDI 总和，约占中国 FDI 总量的 48.14%。但是，"长三角"地区 FDI 总量近年来呈现出负增长的趋势。这主要是由于江苏省近 3 年来 FDI 量逐年减少，以及国内新兴经济体的迅速崛起使得"长三角"地区的相对吸引力下降所致。此外，随着"京津冀"地区的产业布局和产业升级的进行以及一体化进程的推进，FDI 流入量正快速上升，一定程度上与"长三角"地区竞争加剧。比照英国、新加坡和巴西等主要经济体 FDI 流入状况，以中国的经济体量，依然可以容纳各大城市圈的 FDI 继续保持增长状态。但增长的关键在于，各经济体要保持相对"合作性"的引资策略，重点发展具有各自优势的"高附加值"产业，进行核心产业差异化建设，错开核心产业同构现象，提高外资利用质量。

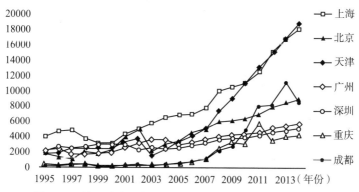

图 5.21 核心城市历年 FDI 情况统计（单位：百万美元）
资料来源：wind 数据库。

在最近 20 年，中国各大城市圈核心城市的 FDI 流入量逐年增大，见图 5.21。但主要城市对外资依赖程度呈现逐渐下降的趋势，并且各城市圈内主要城市 FDI 竞争力呈现分化趋势，见图 5.22。

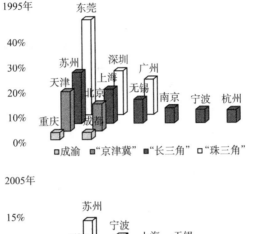

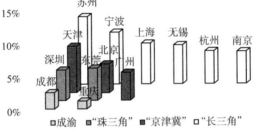

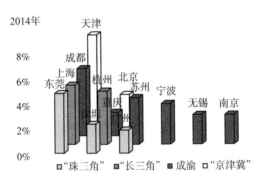

图 5.22　各经济圈中主要城市 FDI 占 GDP 比重情况

资料来源：wind 数据库。

　　90 年代中期，"珠三角"对外资依赖度最高，东莞市 FDI 占 GDP 总量一度高达 35% 以上。2008 年后，"珠三角"FDI 增长不如

GDP 增长快，产业结构被"倒逼"升级，"珠三角"地区经济中外资贡献度下降，其中，广州和深圳成为国内主要城市中外资竞争力最低的城市。成渝地区，承接沿海地区劳动密集型产业的转移，并依托自身优势加入国家发展的大战略当中，FDI 竞争力逐渐增强。FDI 对"长三角"地区经济的发展一直都有重要的推动作用。自 2001 年，成为外来投资的主要集聚地后，"长三角"地区各主要城市 FDI 对经济贡献度普遍较高，并且相对于其他经济圈主要城市在外资竞争力分化的情况下，"长三角"各主要城市这种普遍较高的 FDI 竞争力具有一定的协同性。

自 1995 ~ 2014 年以来，随着金融危机的到来和人民币不断升值，国际经济环境和国内经济环境发生变化，各大经济圈主要城市 FDI 出现分化。其中，东莞、苏州经济发展遇到"瓶颈"，产业结构失衡，制造业大而不强，外资竞争力下降显著；上海、杭州、天津、北京和重庆则依靠积极响应国家战略发展方针，布局并扶持地方优势产业，推进地区经济结构的调整升级，使得 FDI 竞争力相对增强；其中，天津市在 2011 年比肩上海，成为国内最大的 FDI 流入城市和最具资本竞争力的城市之一，见图 5.21。

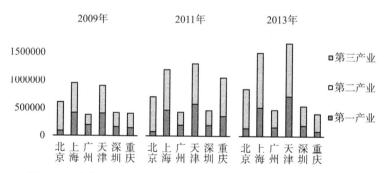

图 5.23　各都市圈核心城市 FDI 流入产业情况（单位：万美元）

资料来源：2014 年各城市统计年鉴。

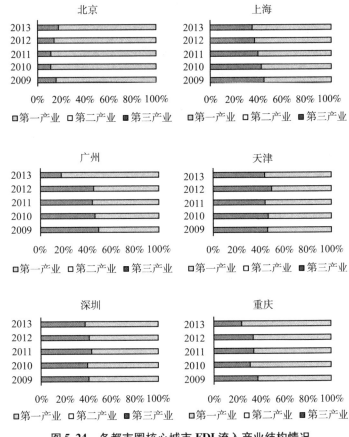

图 5.24　各都市圈核心城市 FDI 流入产业结构情况

资料来源：各城市统计年鉴。

　　由于天津市和北京市 FDI 流入体量较大且逐年稳步增长，"京津冀"地区将是上海和"长三角"地区在 FDI 方面的最大竞争对手。天津市以制造业见长，FDI 主要流向制造业、房地产和商务租赁等行业；北京市以服务业见长，FDI 流入主要集中在商务租赁、房地产、信息和 IT 产业等行业。将北京、天津两市作为一个整体来看，FDI 流入两市的行业明显错开，两市产业协同发展将具有较强的竞争力。

北京市第三产业 FDI 比重较高，较为符合当前主流全球城市的产业特征，但 FDI 流入第三产业增速放缓，流入第二产业比重逐年增加，见图 5.23、图 5.24。天津市第二产业、第三产业 FDI 流入量均呈现一定增长，总量分别位列各大城市排名中的第二位和第一位。天津市无论是 FDI 总量还是 FDI 产业的流向，都表现出巨大的经济潜力，但是天津市目前处于制造业大市的地位暂时不会改变，见图 5.23。另外，北京、天津两市在金融业方面，FDI 流入较少，这实际上是由于北京、天津地区具有较明显的非外向型金融特征，二者的金融层级不如上海、深圳，对外金融引力较低所致，见图 5.25。

广州市吸引 FDI 的主要行业正在转变，流入现代服务业、金融业和新兴产业的 FDI 增长明显；深圳市最吸引 FDI 的行业依然是先进制造业，但金融保险业、租赁和服务业吸引 FDI 增长很快，并推动房地产行业发展，使得经济一直保持较强活力和竞争力。广州、深圳两市，产业虽有重合，但核心产业已经明显不同，见图 5.25。综合来看，"珠三角"地区核心城市从低端的"加工型制造业经济体"向高端的"高附加值产业经济体"进发。广州市由于工业化水平相对较高，自 2009 年以来，广州市第三产业 FDI 流入比例增高明显，第二产业流入比例和绝对量双双下降，FDI 主要流向制造业、房地产、金融保险业和现代服务业，其中制造业下降明显，而以金融业为主的第三产业增长较多；深圳市由于高新制造业的发展，第二产业 FDI 流入额依然在缓慢增加，但不及第三产业增长得快，FDI 主要流向制造业、房地产和商务租赁等行业，并且 2013 年流入房地产、金融保险、租赁和服务等行业的 FDI 增长最为明显，见图 5.25。广州和深圳的 FDI 流入总量虽稳中有升，但总量远不如"京津沪"地区。

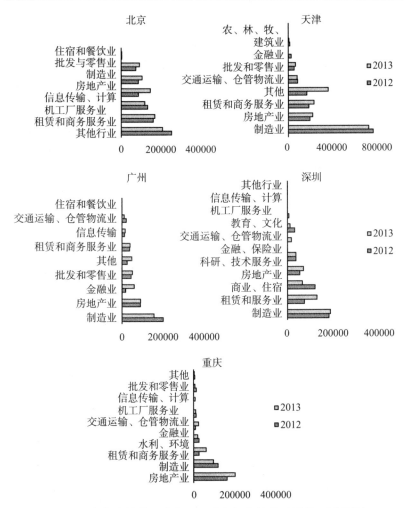

图 5.25　各都市圈核心城市 FDI 流入行业情况（单位：万美元）
资料来源：各城市统计年鉴。

内陆沿江地区的重庆市是制造业大市，但第二产业 FDI 流入波动剧烈，这主要与其外向加工型的制造业特征有关，第三产业 FDI 流入逐年增加，见图 5.23、图 5.24；FDI 主要流向房地产、制造业、商务和租赁行业，见图5.25。

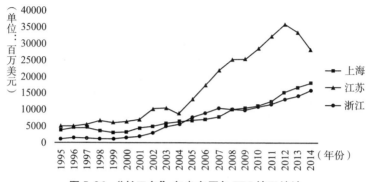

图 5.26　"长三角"各省市历年 FDI 情况统计

资料来源：wind 数据库。

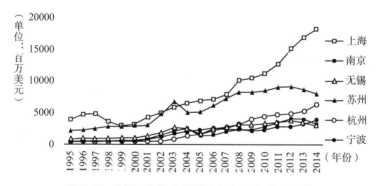

图 5.27　"长三角"主要城市历年 FDI 情况统计

资料来源：wind 数据库。

　　上海市由于 FDI 流入的总量大，因此流向第二产业、第三产业的外资绝对量依然可观，2013 年第二产业、第三产业 FDI 流入量分别位居全国第二位和第一位，外资在推动上海经济发展上仍具有相当的作用。虽然第二产业吸引 FDI 比例依然较高，但第二产业 FDI 比重渐次下降，第三产业 FDI 比重逐年增加，外资利用质量不断提高，外来资本在城市产业结构升级中起到积极作用，见图 5.23、图 5.24。

另外，由于中国工业化尚未完成，大规模的城镇化尚在进行中，因此，投资回报率高的制造业和房地产业，依然是外商投资主要行业，见图 5.25。而各核心城市 FDI 流入主要集中在制造业、房地产、商务租赁、批发零售、交通运输和仓储物流等行业，在金融、IT 产业、电信和通信等全球城市传统优势行业上外资流入并不明显，与主要全球城市在行业特征和产业结构上依然具有较大差距。此外，各核心城市 FDI 流向第二产业比例正在下降，第三产业比例正在上升，金融保险和商务服务等行业 FDI 流入增长明显，这说明国内主要核心城市大都处于经济发展的转型期，高端制造业和高附加值服务业的发展水平将是未来城市产业发展的主要方向。

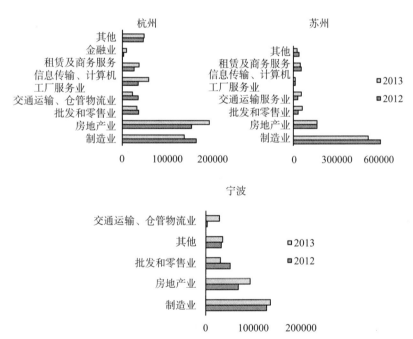

图 5.28 "长三角"的主要城市 FDI 流入行业情况（单位：万美元）

资料来源：wind 数据库。

　　从"长三角"内部各省市看，上海市和浙江省 FDI 连续增长，凸显出地区经济引力；其中，上海依然具有绝对优势，而杭州和宁波的投资环境不断变好，一定程度上对 FDI 起到了分流的作用，见图 5.26、图 5.27。受全球金融危机、欧债危机等影响，欧盟、美国和日本等对华投资减少。江苏省作为三大经济体投资的主要地区，FDI 连年下降。以苏州市为代表，FDI 流入总量近几年来呈现递减趋势，这主要与苏州市的产业特征和产业结构有关。苏州市作为"长三角"地区第二大外资投资地，其 FDI 的下滑直接拖累了江苏省 FDI 流入总量的下滑，进而拖累整个"长三角"地区 FDI 的下降。实际上，在全国 FDI 流入总量增加的情况下，苏州 FDI 的下降，一定程度上会使得 FDI 流向上海地区。但由于其他城市圈主要城市的竞争和杭州、宁波等的分流，实际上从"长三角"的角度来看，对上海的不利影响反而更大。

　　另外，杭州市 FDI 在 2014 年超过深圳和广州，并且金融业、信息传输与计算机和 IT 服务业以及租赁与商务服务等行业 FDI 增长明显，产业结构竞争力凸显，见图 5.27、图 5.28。然而，"长三角"地区 FDI 主要流向房地产、制造业、租赁与商务服务、批发零售和交通运输与仓管以及物流等行业，见图 5.28。各城市之间产业发展具有趋同性，产业同构现象明显，导致低水平重复建设普遍存在。另外，"长三角"粗放型发展模式、地区间无序发展以及投资比例的失衡，直接导致了"长三角"地区 FDI 利用效率不高，造成资本的巨大浪费。但也应该看到，虽然各城市 FDI 流向行业具有趋同性，但是"长三角"各城市在资本的角逐中产业发展亦具有一定差别，并形成了各自的产业特色，杭州市信息传输与计算机和 IT 服务业明显具有较强竞争力，苏州市则是传统制造业强市，见图 5.28。

二、上海与国内其他主要城市发展比较分析：贸易维度的视角

自进入 20 世纪 90 年代中期以来，中国对外贸易额快速增长，在 2003 年之前，"珠三角"地区是中国最大的外贸经济体，如图 5.29 所示。1995 年，"京津冀"地区和"长三角"地区对外贸易处于同一起跑线上，但"京津冀"地区不如"长三角"发展迅速。2003 年，"长三角"地区超过"珠三角"地区，成为中国对外贸易最大的经济体，并且与其他经济体之间绝对贸易额差距逐渐扩大。成渝地区，由于地处内陆的长江中上游地区，经济起步较晚，发展相对缓慢，2009 年以后，对外贸易开始快速增长，但在总量上依然与沿海三大城市圈差距甚远。

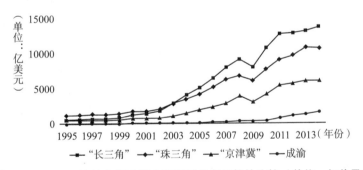

图 5.29　1995～2014 年四大城市圈的对外贸易额的比较（单位：亿美元）

资料来源：wind 数据库。

从贸易增速来看，"长三角"地区在 2003 年之前，贸易增速表现为逐年递增的情况，但在 2003 年之后，贸易增速呈现震荡递减的趋势，见图 5.30。而"珠三角"地区对外贸易增速呈现一种"倒 U 型"的状态，对外贸易增速从 2003 年开始，基本呈现下降趋势。"京津冀"地区在 2004 年之前，也呈现出逐年递增的增长速

度。但2004年之后，由于外向型的经济发展特征凸显，对外贸易增速则大起大落，是四大经济圈中震荡幅度最大的一个经济体。

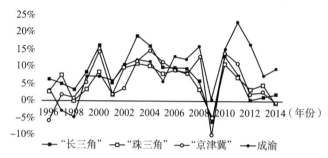

图5.30 1995～2014年四大城市圈的对外贸易增速的比较

资料来源：国家统计局数据。

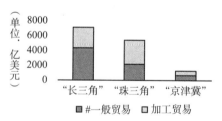

图5.31 各城市圈出口产品结构情况

资料来源：各省市统计局。

综上所述，沿海三大城市圈贸易总量依然保持绝对优势，但贸易增速逐渐向零增长收敛。2013～2014年度，"长三角"是沿海地区唯一一个保持对外贸易正增长的地区。"珠三角"地区虽然出现贸易增速放缓的迹象，但贸易地位排名短期内难以超越。另外，在世界经济增长乏力、沿海地区产业不断转移的情况下，"长三角"地区贸易增速虽逐渐递减，但在贸易总额上依然是国内最大的贸易经济体，且随着上海自贸区和长江沿线经济带的崛起，未来将具有更大的潜力，这对上海建设全球投资贸易枢纽将具有重大的积极意义。

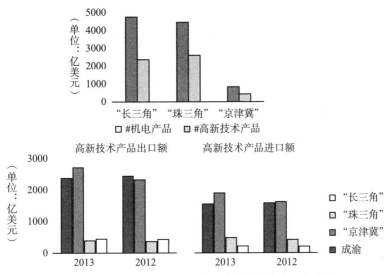

图 5.32　2012～2013 年四大城市圈的高新技术产品贸易情况

从货物贸易内容来看，"长三角"地区更多是一般贸易，而"珠三角"则以加工贸易为主，两地贸易特征具有明显差异，一定程度上反映了两地产业特征和贸易特点，如图 5.31 所示。

表 5.3　2013 年～2014 年四大城市圈的高新技术产品贸易差额

高新技术产品贸易差额（亿 $\$$）	2013 年	2012 年
长三角	510.46	545.78
珠三角	434.53	386.82
京津冀	−184.95	−135.3
成渝	180.19	177.17

资料来源：wind 数据库。

"珠三角"地区出口高新技术产品总额全国第一，见图 5.32；"京津冀"地区的高新技术产品则连年出超；"长三角"地区高新制造业，稍弱于"珠三角"地区。然而，由于"长三角"地区禀赋

资源大于"珠三角",因此,从相对角度来看,"长三角"地区贸易结构有待提高;"京津冀"地区在高新技术产品出口上与"长三角"和"珠三角"存在较大差距。此外,"长三角"和"珠三角"地区在对外贸易方面存在一定互补,但由于二者都是贸易型经济体且具有优良的区位条件和经济基础,因此竞争将大于合作。而"京津冀"贸易发展相对滞后,则处于追赶者的地位。

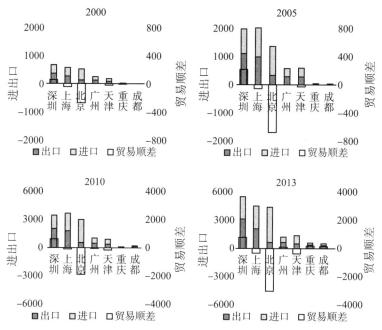

图 5.33　各城市圈核心城市历年贸易（单位：亿美元）

资料来源：wind 数据库。

从各都市圈核心城市的贸易情况来看,深圳、上海和北京贸易总量处于前列,且远远高于其他城市。其中,深圳市是国内第一外贸城市,且具有较强贸易竞争力,一直保持贸易顺差;而北京、上海和天津则连年逆差,北京市和天津市逆差更是不断扩大。此外,长江沿线的成渝地区核心城市贸易的迅速崛起，贸易增长明显，这将有利于上海建设全球贸易中心，如图 5.33 所示。

从核心城市贸易增速来看，由于各区域原有发展方式已达到相当水平，除"成渝"外，所有城市圈贸易随着总量的增大，增速均向零增长收敛，如图 5.34 所示。重庆市的高增速主要是由于承接沿海外贸型产业的转移，尤其在以电子制造和汽车装配为主的制造业产品贸易方面，增长较快。而上海的贸易增速则相对要平稳很多。一方面，是受国际经济大环境影响，且贸易体量过大，导致了贸易增长乏力；另一方面，国内处在经济转型期，原有的劳动密集型贸易方式和资源密集型贸易方式正在发生变化，此消彼长，贸易增长放缓。因此，贸易产品和贸易方式的转型升级的成功，将是关乎上海市建设全球投资贸易枢纽中心的关键。

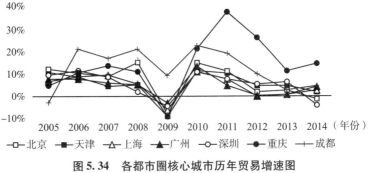

图 5.34　各都市圈核心城市历年贸易增速图

资料来源：wind 数据库。

从各城市圈核心城市的贸易占 GDP 比重来看，深圳市在经济总量和贸易总量不断增长的情况下，经济产出中对贸易依赖度的下降，见图 5.35；深圳市外商投资对经济贡献逐年下降，而贸易对经济增长的贡献却缓慢增加，见图 5.36。

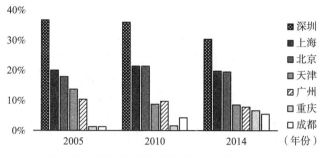

图 5.35　各都市圈核心城市近年贸易/GDP 图

资料来源：wind 数据库。

再加之深圳市对外贸易连年顺差，反映出深圳市出口产品附加值增加，具有较强的贸易竞争力。

上海市对外贸易占比常年保持稳定，即经济增长与对外贸易具有同步性，如图 5.35 所示；但上海市内需拉动经济增长十分显著，贸易贡献度虽有所回升但总量依然较小，如图 5.36 所示。因此，上海市贸易呈现出休量大、质量相对较差的特征，这将十分不利于上海市建设全球城市的贸易枢纽功能。因此，提高对外贸易质量和贸易相关服务能力将对上海建设全球城市具有重大意义。

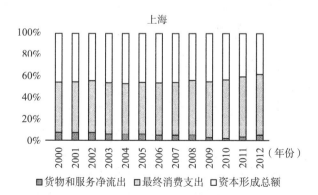

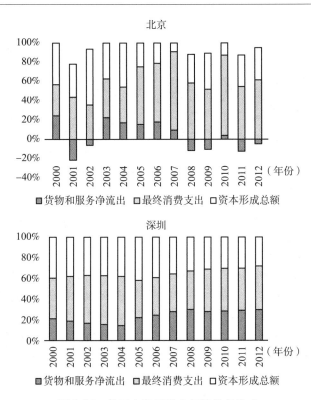

图 5.36　前三大贸易城市经济贡献构成

资料来源：上海、北京和深圳市 2014 年统计年鉴。

北京市与上海市具有近似的贸易占比特征，但北京市贸易逆差过大，货物和服务净流出常年拖累经济增长，见图 5.35、图 5.36。因此，北京市对外贸易总额占比虽高，但进口增长快于出口，是典型的进口消耗城市，尚不具备建设成为重要的投资贸易枢纽的条件。

从服务贸易发展的角度来看，在全国服务贸易大逆差下，上海市服务贸易总额虽连年递增，全国占比不断升高，但进口增长快于出口增长，服务贸易逆差不断扩大。2014 年，上海市服务贸易总额1753.9 亿美元，同比增长 13.8%，占全国服务贸易总额的 32.0%。

但因受到国际金融危机影响和面临来自国内主要城市发展的竞争，连续4年服务贸易总额增速递减，2013年，出现服务贸易额占全国比例下降的情况，见图5.37、图5.38。上海地区的服务供给无法满足本地区的服务需求的状况说明：随着国家经济的发展，各种国内外的经济活动对上海的产业供给要求已经发生了变化，作为全国经济中心、国际金融、国际投资和国际贸易中心的上海，产业服务能力亟须提高，经济产业转型刻不容缓。另外，上海只有适应并迎合这种改变的大潮流，才能保持和提高当前的城市地位。

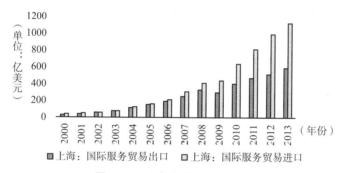

图 5.37 上海市服务贸易情况

资料来源：wind 数据库。

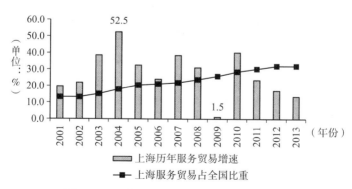

图 5.38 上海服务贸易占全国服务贸易比重

资料来源：wind 数据库。

　　此外，相对于上海市全国服务贸易占比的不断下降，深圳和广州则连年增长，如图5.39所示。此外，"珠三角"主要城市服务贸易逆差相对较小，上海市服务贸易逆差则接近50%，服务贸易结构需要调整，服务贸易竞争力有待提高，如图5.39、图5.40所示。

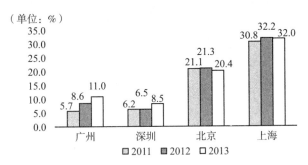

图5.39　中国前三大城市服务贸易2011～2013年度占全国比重

资料来源：《南方日报》、深圳统计局、中商情报网、中新网、《现代商业杂志》中国行业研究网、wind数据库。

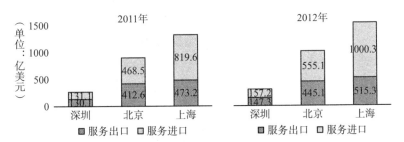

图5.40　中国前三大城市服务贸易额

资料来源：中商情报网、深圳统计局、wind数据库。

　　从"长三角"内部角度来看，上海依然具有绝对的领先地位，区域内其他城市也大都是传统贸易强市，见图5.41。

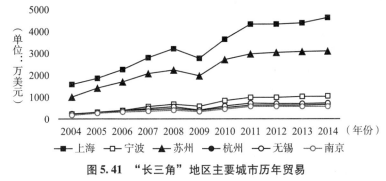

图5.41　"长三角"地区主要城市历年贸易

资料来源：wind 数据库。

从"长三角"主要城市贸易增速来看，"长三角"地区主要城市贸易的发展速度有逐渐变慢趋势，2012 年，贸易增速触底反弹之后，以上海、杭州和宁波表现最好，见图5.42。

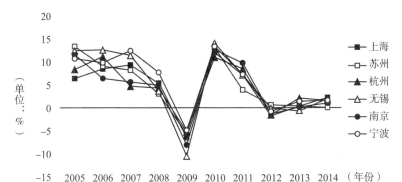

图5.42　"长三角"地区主要城市历年贸易增速图

资料来源：wind 数据库。

另外，随着经济体量的增大，各城市贸易占比呈现均匀的递减趋势，见图5.44，地区间贸易趋同性较强。苏州市是传统制造业城市，外贸顺差明显，但近年来贸易增长陷入停滞；而杭州则逆差明显，并与上海的贸易结构呈现一定相似性，这主要得益于杭州市经济增长平稳，内需旺盛所致，见图5.42、图5.43。

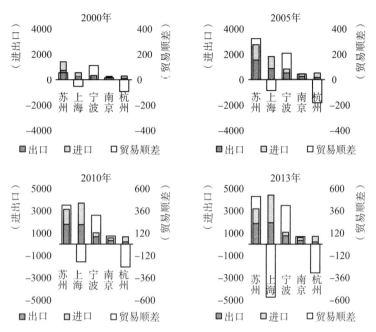

图 5.43　"长三角"地区主要城市主要年份贸易状况（单位：亿美元）

资料来源：wind 数据库。

在地区协同发展、协同竞争愈激烈的将来，苏州市贸易发展的滞后将在很大程度上反作用于上海，尤其对上海的转口贸易和相关服务业都将受到不利影响；而杭州市的发展和定位，将对上海建设全球城市起到一定推动作用。

此外，从服务贸易角度来看，杭州市 2011 年服务贸易进出口额约为 103.55 亿美元，服务贸易顺差 54.95% 亿美元，总体呈现连年顺差状态；① 南京市 2011 年服务贸易总额 96.56 亿美元。二者全国占比均不超过 2.5%，与上海市不具有可比性，但杭州市服务贸

---

① 参见：《杭州市服务贸易国际竞争力评价及对策》. 杭州市哲学社会科学规划课题成果。

易连年顺差，凸显产业结构以服务业为主，城市发展的后劲较强。

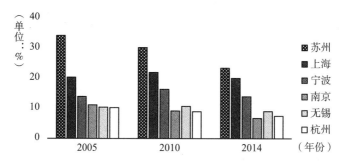

图 5.44 "长三角"地区主要城市历年贸易/GDP 图

资料来源：wind 数据库。

第四节 投资与贸易维度下国内其他主要城市的发展对上海建设全球城市的影响

一、国内其他主要城市发展对上海建设全球城市的影响：基于投资维度的视角

（一）天津已成为上海市面临的最大外资流入竞争城市，"京津一体化"将深刻地影响上海的外资流入水平，进而对上海市全球城市的建设产生重要影响

目前，天津市是国内最大 FDI 流入城市，已经形成"二、三产业'双轮驱动'"的经济结构模式。因此，天津市将成为上海市面临的最有 FDI 竞争力的沿海城市之一。但是，以制造业见长的天津市，在高端服务业的发展上则处于初级阶段，与上海市相比依然有所差距。

北京市 FDI 流入特征更加倾向于第三产业，对先进制造业的发展贡献并不突出。

上海市的优势在于，全球化的程度、制造业竞争力和产业综合竞争力较强，而天津和北京都只是在某些方面超过上海，但不可否认京津两地产业互补性很强，在东北亚地区具有较强的竞争力，尤其"京津一体化"后，京津地区的产业优势将在更多方面超过上海。以全球城市的发展经验来看，一国通常不存在两个或两个以上的全球城市，因此"京津一体化"对上海建设全球城市构成了巨大挑战。

（二）广深两市作为区域性经济中心和资本中心，整体会对上海建设全球城市带来一定影响。但从全球角度看，并不具备建设全球城市的基础和条件，与上海存在较大的协作互补性

广深地区 FDI 体量小，产业转型升级和产业差异性表现显著，目前已经形成了以广州为主的华南经济核心城市和以深圳为主的世界先进制造业中心城市。依托香港建设"粤港澳""大珠三角"城市圈，广、深两市与上海存在着腹地竞争和产业竞争，无论从国内还是国外角度来看，"大珠三角"都具有较强竞争力。但它也存在着难以解决的问题，如港澳和内地城市政治制度的不同和港深广经济发展的三强并立等，因此三者的一体化进程较难实现。如果仅从广州和深圳两市来看，无论从靠近香港的区位角度来看，还是从腹地禀赋来看，两市辐射能力和综合经济影响力都是有限的，具有发展成为重要节点城市的潜力，但较难成为全能型的全球城市，因此它们的发展对上海建设全球城市将带来一定的竞争，但本身劣势也较明显。实际上，二者的产业结构依托"珠三角"城市圈可以构成一个相对完备的小型"经济"系统，在吸引外资上会对上海市进行分流。但是，从两市明确提出的国际城市定位方针来看，都着重强调自身优势的同时，避开了与上海优势产业进行直接的竞争。在上海未来建设全球城市的过程中，两地将可能对上海形成局部产业

优势，上海应该承认并适应这种优势，并寻求可能的合作。

（三）内陆长江沿线主要城市的崛起与发展，将成为上海建设全球城市的重要基础

成渝城市圈的发展和 FDI 流入以制造业和房地产业为主，是典型的"加工装配和城镇化"型新兴城市，由于水陆区位的因素，长江中上游城市的崛起和快速发展，将增强上海的腹地投资竞争力，有利于上海的相关服务业的发展和产业的转型升级，对上海建设全球城市具有积极作用。

（四）增强"长三角"地区城市之间产业协同性、提高外资利用率将是上海建设全球城市的重要保障

对"长三角"地区来说，区域经济的产业协同性将是支撑上海建设全球城市的重要经济条件，因此，化竞争为合作，规划并促进"长三角"主要城市产业发展和产业布局的"大上海都市圈"顶层设计是上海建设全球城市的关键所在。应当把外商投资方向和将本地区产业及产业集聚特征相结合进行招商引资，并在上海地区创造以金融保险、法律、咨询、信息服务等高端服务业为主的引资条件；在外延地区创造以高新技术制造业、战略新兴制造业等产业为主的引资条件；"长三角"其他城市则因势利导，依托自身特征和对接上海的大方向调整引资策略；以此建立以上海为核心的圈层式的产业协作体系，冲破省、市、区县的行政束缚，以解决恶性竞争和产业同构现象，提高引资效率，缓解"长三角"地区的各种资源和能源压力，以保证上海全球城市建设的开展。

（五）FDI 增速递减将不可避免，利用外资促进产业升级将是上海建设全球城市的途径之一

从上海市自身来看，随着上海市经济规模的不断扩大，FDI 流

入增速的递减将可能是不可逆转的趋势，但可观的 FDI 年绝对流入量将是未来上海发展转型并与国内其他主要城市之间拉开距离的重要资本。目前的上海，正处在转型期，高度发达的服务业和高新制造业尚未完全建立、"资本输出服务中心"建设尚处于一片空白，亟须利用外资加快产业转型升级，因此，提高 FDI 的质量以促进高新技术与高附加值服务业的发展，将是上海未来建设全球城市的关键。

二、国内其他主要城市发展对上海建设全球城市的影响：基于贸易维度的视角

深圳市在贸易方面具有较强竞争力，将对上海建设全球城市的贸易中心功能构成一定挑战；沿江城市和"长三角"其他主要城市贸易的发展，对于上海建设全球城市将起到推动作用，二者之间是互促互进和互惠互利的关系。

在对外贸易上，无论是货物贸易还是服务贸易，上海市都处于总量的领先地位；北京市无论在服务贸易还是货物贸易上，均低于上海市，对上海市有一定分流作用，但由于北京市产业中第三产业比重较高，未来生产性服务业可挖掘潜力有限，因此，北京对上海造成的竞争是有限的。

深圳市虽然货物贸易额较大，服务贸易额较少，但服务贸易和货物贸易双逆差现象，凸显贸易质量和贸易竞争力。深圳市产业和贸易的发展，将对未来上海建设全球城市的贸易枢纽功能带来较大竞争。长江中上游经济圈城市，如重庆等，主要承接沿海劳动密集型产业和资源密集型产业的转移，随着"长江经济带"战略的实施，沿江城市将被纳入成为上海的腹地城市，它们的贸易发展对上海建设贸易枢纽具有重要积极的意义，将推动上海贸易相关服务业的发展。"长三角"内部城市中，杭州的兴起和苏州的贸易增长的放缓，对上海来说影响较大，一方面，增强了"长三角"地区的

竞争力，增强了地区间产业协调性；另一方面，产业的转型，必然带来内部竞争的加剧和经济资源的流失。目前，"长三角"都市圈各城市均已提出适应上海未来规划的发展策略，因此，上海的发展将带动周边地区贸易的增长，同时，周边地区贸易的发展又反过来促进上海的服务贸易和转口贸易而发展，因此"长三角"地区城市对上海建设贸易枢纽具有积极作用，它们的停滞必然拖累上海产业转型和贸易发展，同时它们的发展也需要依靠上海的发展来带动。

从货物贸易角度看，上海的货物贸易出口中高新技术制造业还有待提高，加强周边地区高新制造业的布局与产业调整，以及转口贸易设施建设，将有利于上海建设全球城市的贸易枢纽功能。此外，从服务贸易来看，上海市等主要国内城市可提供服务供给不能满足当前国内外的服务需求，全球城市的发展经验显示，服务贸易是凸显一座城市的全球掌控能力的重要指标，且主要全球城市服务贸易大都呈现顺差状态。因此，提高服务贸易的供给，将是上海建设全球贸易中心和产业转型的契机，将对上海超越国内主要城市，并率先建成全球城市带来机遇。

参 考 文 献

李飞雪，李满春，刘永学，梁健，陈振杰．《建国以来南京城市扩展研究》，自然资源学报，2007 年第 22 卷第 4 期。

尚玉英．《2013 年上海总部经济及商务布局发展报告》，上海科学技术文献出版社 2014 年。

石莹，赵昊鲁．《经济现代化的制度条件——对 1927 ~ 1937 年南京政府经济建设的经济史分析》，《社会科学战线》2005 年第 5 期。

童馨，华钢，郑秀田．《杭州市服务贸易国际竞争力评价及对策》，杭州市哲学社会科学规划课题成果 2011 年。

张应华，王仁祥．国际金融主导权的内在逻辑及作用机理，《武汉金融》2014 年第 2 期。

赵弘.《中国总部经济蓝皮书：中国总部经济发展报告（2013～2014）》，社会科学文献出版社 2014 年。

邹正方，杨志武，徐凯，刘利.《从 2003 年利用外资增幅下降看我国外资政策的调整取向》，《国际贸易问题》2004 年第 7 期。

第六章

"科创维度"下国内主要城市的发展对
上海建设全球城市的影响

科技创新中心是创新人才和技术的集聚地，也是发源地，全球城市的建设，离不开科技创新中心的科技支撑。在国际经济复苏乏力，国内经济处于"新常态"的背景下，以创新驱动发展，建设具有全球影响力的科技创新中心，已经成为中国一项重要的国家战略。北京、上海相继提出建设全球科创中心的发展目标；深圳也进一步明确了现代化国际性创新型城市的战略地位；杭州、天津、重庆、成都等国内主要城市，也相继提出将科技创新作为推动城市建设发展过程中的内生动力，并做出了具体的创新城市发展规划。国内其他主要城市提出的这些不同的科技创新发展战略目标，给上海的全球科技创新中心建设和全球城市建设无疑带来了挑战和机遇。因此，上海该如何处理与国内主要城市在科创中心建设过程中的竞争与合作关系，对上海全球城市的建设非常重要。

第一节　国内主要城市科技创新能力的发展现状

科技创新能力是城市实力的重要表现，也是建设全球城市的重要支撑。在全球城市网络体系中，一个城市有较强的科技创新能力，就能在全球城市网络体系中占据高端位置，就能激发该城市经济中的产业升级，就能占领知识产权高地引领社会的发展，因此，卓越的科技创新能力是全球城市的重要标志之一。

一、城市创新能力综合竞争力排名

目前，对国内城市创新力的研究比较权威的有福布斯发布的中国最具创新力的城市排名，以及周天勇和旷建伟主编的《中国城市创新报告》。

（一）上海在福布斯"中国最具创新力城市"中的排名

表 6.1　　　　　　　福布斯 2014 年中国最具创新力的 25 座城市

排名	城市	级别	省/直辖市	排名	城市	级别	省/直辖市
1	深圳	计划单列市	广东	14	武汉	省会城市	湖北
2	苏州	地级市	江苏	15	南通	地级市	江苏
3	北京	直辖市	北京	16	佛山	地级市	广东
4	杭州	省会城市	浙江	17	中山	地级市	广东
5	上海	直辖市	上海	18	青岛	计划单列市	山东
6	无锡	地级市	江苏	19	镇江	地级市	江苏
7	南京	省会城市	江苏	20	长沙	省会城市	湖南
8	宁波	计划单列市	浙江	21	成都	省会城市	四川
9	广州	省会城市	广东	22	大连	计划单列市	辽宁
10	常州	地级市	江苏	23	绍兴	地级市	浙江
11	东莞	地级市	广东	24	常熟	县级市	江苏
12	天津	直辖市	天津	25	合肥	省会城市	安徽
13	昆山	县级市	江苏				

资料来源：福布斯中文网 www. forbeschina. com。

表 6.1 给出了 2014 年中国最具创新力的 25 座城市的排名情

况。表6.2则给出了2011～2014年福布斯中国大陆主要城市创新力排名的变化情况。

表6.2显示，上海近两年来，城市创新力排名有所下降，而与此同时，北京的排名有所上升，苏州和深圳的创新力排名几乎总是前两位。

表6.2　福布斯中国主要城市创新力排名的变化：2011～2014年

城市	2014年排名	2013年排名	2012年排名	2011年排名
北京	3	3	6	4
天津	12	15	18	22
上海	5	5	3	3
杭州	4	6	7	7
苏州	2	1	1	2
南京	7	11	13	26
深圳	1	4	2	1
广州	9	19	23	19
重庆	42	45	57	65
成都	21	24	38	45
武汉	14	33	36	41

资料来源：福布斯中文网．www.forbeschina.com。

深圳市是自发性创新的代表。深圳作为改革开放与市场经济的先行城市，在企业创新和城市创新中也走在国内城市前列。深圳有腾讯、华为、中兴等众多本土高科技企业，同时，拥有众多的中小型高科技企业，这些企业都是深圳科技创新的直接载体。

类似于深圳，苏州的科技创新力在国内也处于领先水平，苏州的专利申请数量和专利授权数量都处于国内城市第一的位置。苏州通过加大科技投入、推动企业自主创新、支持创新创业载体与平台建设、引进国内外研发机构、发展科技服务业、积极发展各类创业投资、加强知识产权创造与保护、实施促进自主创新的政府采购等一系列措施增强苏州市的创新能力，而实际上也是成效显著。北京的专利授权量在国内排名第一，体现着北京具有众多的高校以及科研院所等雄厚的创新基础实力。此外，杭州、南京、广州、重庆、成都和武汉最近几年来的排名都提高了很多，说明这些城市的创新力都有了很大提升。

因此，总体而言，相较于国内其他主要城市科技创新力提升的强劲势头，上海科技创新力的提升非常迫切，上海在这方面依然有着很大的提升空间。

（二）上海在《中国城市创新报告》中的排名

表6.3给出了2008年、2011年和2014年《中国城市创新报告》中的副省级（含）以上城市创新能力综合测评以及三个分类指标排名的前十名。

表6.3　　　　　　**主要年份中国副省级（含）以上城市
创新能力综合测评前十名**

城市	2014年排名	2011年排名	2008年排名	城市	2014年排名	2011年排名	2008年排名
北京市	1	2	1	天津市	6	5	5
上海市	2	1	2	南京市	7	9	9
深圳市	3	3	3	宁波市	8	8	8
广州市	4	4	4	重庆市	9	7	6
杭州市	5	6	7	成都市	10	12	12

资料来源：周天勇、旷建伟. 社会科学文献出版社出版的《中国城市创新报告》。

表6.3显示，2014年上海的创新能力排名在副省级（含）以上城市的排名中位列第二，第一位的是北京，而深圳排名第三，前三个城市的排名与2008年一致，而2011年上海曾超过北京排名第一。但是，从总体来看，这些主要城市的创新力排名比较平稳，变

化不是太大。

以上两个综合排名，分别根据不同的衡量标准给出了中国主要城市的创新力排名。《中国城市创新报告》中的中国城市创新能力评价指标体系，包括两个层次，第一个层次，反映国内城市创新力的整体情况；第二个层次，反映构成城市创新力各分量指标的发展情况，通过"创新基础条件与支撑能力"、"技术产业化能力"、"品牌创新能力"三个一级指标反映出来。每个一级指标又分为几个二级指标和三级指标。这些指标中涵盖面比较广泛，涉及社会、经济、产业条件、产业结构、信息化水平、可持续能力等，导致引用很多与创新能力无直接相关的变量，这样可能导致评价结果不准确。

而福布斯中文版主要使用专利申请量（人均及总量）、专利授权量（人均及总量）、科技三项支出占地方财政支出比例等数据的基础上，2014 年新加入发明专利授权量（人均及总量）、国际专利/PTC 申请量（人均及总量）等指标。其中，前者是年度授权专利中最富含金量的部分，能准确反映一个城市的创新实力；而后者通过国际指标衡量了一个城市及其本土企业的创新能力。福布斯的评价体系是直接创新相关的指标，包括创新的投入和产出，没有其他不相关的影响变量，这样就更有直接的针对性——只是衡量城市创新能力，而不涉及其他的因素。

二、城市创新力分项指标排名

由于福布斯城市创新力排名没有提供分项指标排名情况，因此以下我们根据《中国城市创新报告》对中国主要城市的创新力分量指标排名情况加以分析。

（一）城市创新基础条件与支撑能力

创新基础条件与支撑能力是城市发展创新的动力，也是技术产业化能力和品牌创新能力的基础。从创新基础条件与支撑能力的排名可以看出，2014年前五名与上面的综合排名大致相同，只是天津排名靠前代替了广州的位置，重庆的排名也有所提升，南京则在前十名以外。表6.4给出了主要年份中国副省级（含）以上城市创新基础条件与支撑能力排序前十位的城市排名。

表6.4　　　　　　　创新基础条件与支撑能力排序前十名城市

城市	2014年排名	2011年排名	2008年排名	城市	2014年排名	2011年排名	2008年排名
北京市	1	2	1	重庆市	6	4	6
上海市	2	1	2	广州市	7	5	3
深圳市	3	3	5	大连市	8	14	15
天津市	4	6	4	西安市	9	18	11
杭州市	5	8	7	沈阳市	10	13	13

资料来源：《中国城市创新报告》，社会科学文献出版社2009年、2012年、2015年版。

可以看出，从2008年到2011年再到2014年，深圳、杭州、大连、西安和沈阳的创新基础条件与支撑能力有了一定的提高，广州的创新基础条件与支撑能力下降了很多，排名从2008年的第三位下降到2014年的第七位。上海的排名也在2011年有所提高超过北京，2014年又被北京超越，因此，上海的创新基础条件与支撑能力建设的优势有所削弱。从表6.4中还可以看出，大连、西安和沈阳的创新基础条件与支撑能力也是比较靠前的。

（二）城市技术产业化能力

技术产业化能力反映的是，科技生产力转化成现实生产能力的效率，技术产业化能力越强，城市的产学研结合率越强。表6.5给出了技术产业化能力测评排序前十名的城市，2014年，排第一名的是深圳，而上海排名第三。这说明，上海与深圳和北京相比，科技生产力转化成现实生产能力的效率是比较落后的，广州和天津的排名紧随上海之后，说明广州和天津的科技生产力转化成现实生产能力的效率与上海市比较接近，这就要求上海在全球城市建设过程中，要进一步加强技术产业化的能力。

从 2008～2014 年，深圳的技术产业化能力排名一路飙升，从第三位跃升到第二位再到第一位，而上海则是从第一位降到第三位。与此同时，大连和厦门技术产业化能力提升也很快，其他的城市则波动不是太大。

表 6.5　　　　　技术产业化能力测评排序前十名城市

城市	2014 年排名	2011 年排名	2008 年排名	城市	2014 年排名	2011 年排名	2008 年排名
深圳市	1	2	3	杭州市	6	4	6
北京市	2	3	2	大连市	7	8	12
上海市	3	1	1	厦门市	8	14	16
广州市	4	6	4	宁波市	9	7	8
天津市	5	5	5	南京市	10	9	9

资料来源：周天勇、旷建伟.《中国城市创新报告》，社会科学文献出版社，2009 年、2012 年、2015 年版。

（三）品牌创新能力

品牌创新能力表现的是城市的知名度，是城市将科技创新成果在技术产业化的同时提升品牌影响力的水平。表 6.6 给出了品牌创新能力的排名，可以看出 2014 年该排名与 2014 年城市创新能力综合测评排名差别不是太大。然而，从 2008～2014 年，杭州的品牌创新能力提升很大，上海和北京变化不大，而深圳品牌创新能力却有所下降。

表6.6　　　　　　主要年份中国副省级（含）以上城市
品牌创新能力测评排序前十名城市

城市	2014年排名	2011年排名	2008年排名	城市	2014年排名	2011年排名	2008年排名
北京市	1	1	1	深圳市	6	4	3
上海市	2	3	2	重庆市	7	2	4
杭州市	3	6	8	南京市	8	11	10
广州市	4	5	5	宁波市	9	7	7
天津市	5	8	6	成都市	10	9	11

资料来源：周天勇、旷建伟.《中国城市创新报告》，社会科学文献出版社，2009年、2012年、2015年版。

综上所述，2014年上海市的创新基础条件与支撑能力、技术产业化能力和品牌创新能力水平与城市创新能力综合测评水平相差不大，除了深圳的技术产业化能力高于北京和上海，其余几乎都是只低于北京。从深圳较高的技术产业化能力，反映了深圳的产学研结合得非常好，它将科学技术能力转化成实际生产力的能力特别强，这可能也是深圳近年来科技型企业高速发展的原因。

从2008～2014年，城市创新能力综合测评提高比较大的是杭州、南京和成都，而重庆则是下降，上海在2011年有所提高但随后又被北京超越，其他变化不是太大。三个分类指标总体来看，深圳和杭州势头比较强劲，特别是深圳的创新基础条件与支撑能力和技术产业化能力发展和提高很大，而这两个能力对城市创新力的提升有着重要的作用，这两个方面也值得上海学习和改进。

最后，综合福布斯中国最具创新力的城市排名和《中国城市创新报告》中的城市创新排名，深圳、苏州和北京的创新力是比较强的，上海要建设全球科技创新中心还有很多方面需要提高。《中国城市创新报告》将副省级城市与地级市的排名分开研究，虽然苏州不是在副省级（含）以上城市中，但是苏州在地级市中的创新综合排名在2008年、2011年和2014年都是第一，这与福布斯中国排行榜中最具创新力的城市排名是相一致的。因此，对于上海来说，应该加强创新基础条件与支撑能力和技术产业化能力建设，提高整体城市创新力。

第二节 上海与国内其他主要城市创新环境与创新要素比较分析

无论是建设全球"科创中心"还是区域性"科创中心"，良好的创新环境和丰富的创新要素都必不可少，本节将从科技创新环境和科技创新要素两个方面对上海与国内主要城市进行比较，从中探寻上海建设全球"科创中心"的优势和劣势。

一、创新环境比较

2015 年 9 月，由清华大学启迪创新研究院一年一度调研评定的区域创新、创业软环境权威榜单《2015 中国城市创新创业环境评价研究报告》出炉，该报告包括八个单项指标，分别为"政府支持""产业发展""人才环境""研发环境""金融支持""中介服务""市场环境""创新知名度"。我们借鉴这些创新环境的影响因素，主要从创新的经济基础和产业结构、创新的政策环境和创新的融资环境等三个方面来对国内主要城市的创新环境进行比较分析。

（一）经济基础和产业结构

经济基础为科技创新中心建设提供最根本的经济支撑，产业结构优化是科技创新中心发展的必然要求。

图 6.1 给出了 2014 年国内主要城市的 GDP，从 GDP 总量来看上海是 23560.94 亿元，有很大的绝对优势，也就是说，上海建设全球城市有雄厚的经济基础。然而，从 GDP 的增长率来看，上海、北京、武汉和苏州相对比较低。

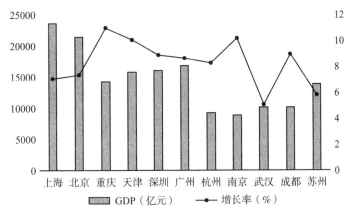

图 6.1　2014 年国内主要城市 GDP 和增长率

资料来源：根据各城市统计年鉴整理得到。

　　建设创新型城市与产业结构的优化密不可分。全球创新中心的一个共同的特征之一就是第三产业的比重非常高，基本上在 90% 左右。图 6.2 给出了国内主要城市第三产业占 GDP 比重，第三产业所占比重最高的城市北京是 77.95%，上海是 64.82%，深圳是 57.33%，苏州是 48.43%。

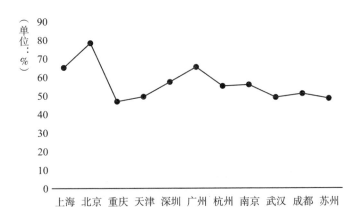

图 6.2　2014 年国内主要城市第三产业占 GDP 比重

资料来源：各城市统计年鉴。

（二）创新的政策环境

目前，国内主要城市都致力于营造有利于创新创业的政策环境。通过对"长三角"创新圈、"京津冀"创新圈、"珠三角"创新圈以及"一带一路"沿线节点城市的相关创新政策进行了详细梳理（见表6.7），我们发现从内容上来看，各地提出的创新政策存在着极大的共性，主要分为以下几个角度：

第一，从顶层设计的角度完善相关制度建设，提高政府的管理效率：其中包括增强政府自身的创新管理、加强财政科技资金的管理、完善有关创新创业和知识产权的法律、加强科研院校建设等。

第二，从人才建设的角度吸引创新创业人才。包括引入、任用、培养、评价、激励以及留住人才的一系列政策。

第三，从资金引导的角度支持有关创新的项目。包括加强多层次资本市场对创新创业的支持，对企业和个人创新创业补贴等。

第四，从产业、企业的角度培育创新经济的主体：包括加强战略性新兴产业和未来产业引领，建设创新工业园和高新区，发展创新型企业，鼓励大众创新创业等。

此外，从表6.7可以看出，不同地区创新政策的侧重点和实施力度又有所不同。

从创新政策的侧重点来看，"长三角"创新圈和"珠三角"创新圈在先进产业和创新企业的培育上有所侧重。如苏州建设苏州工业园和苏州高新区，孵化高科技企业；杭州支持浙商创新创业；深圳注重国家高新技术企业的建设等。由于"长三角"地区和"珠三角"地区企业众多，政府积极引导企业尤其是创新型企业发展，有利于发挥"长三角"和"珠三角"地区的创新主体优势。

"京津冀"创新圈的一大政策亮点，是打造"京津冀创新协同体"的战略。该政策有利于发挥北京科技资源、技术储备密集的优势以带动"京津冀"地区发展，同时，也可以促进北京产业的转移调整、升级换代。

表 6.7　国内主要城市支持科创中心建设的相关政策比较

城市	主要政策及相关文件
"长三角创新圈"	
上海	相关文件： 1. 《关于加快建设具有全球影响力的科技创新中心的意见》，2015 年 5 月； 2. 《服务保障上海建设具有全球影响力的科技创新中心的意见》，2015 年 6 月； 3. 《关于深化人才工作体制机制改革促进人才创新创业的实施意见》，2015 年 7 月； 4. 《上海市推进"互联网+"行动实施意见》，2016 年 2 月。 主要政策： 1. 制度完善：完善科技成果转移转化机制，进一步加大知识产权保护力度，完善创新创业法治保障，营造创新创业社会氛围。 2. 人才建设：实施更积极、更开放、更有效的海外人才引进政策，改革人才评价制度；构建创新型人才培养模式，加大科技创新人才培养力度；大力发展众创空间，拓宽人才创新创业投融资渠道；加强人才创新创业服务体系建设，优化人才生活保障。 3. 资本支持：完善多层次资本市场对创新的支持，推动科技与金融紧密结合，启动战略新兴板和科创板。 4. "互联网+"计划：明确了 21 个"互联网+"专项；统筹协调落实政策保障，推进关键平台和示范工程建设；强化信息基础设施和安全保障，提升优化产业发展支撑环境；构建跨界融合标准体系，拓宽互联网企业融资渠道；引进和培养行业人才。
南京	相关文件：《南京市推进科技创新推动产业转型、发展创新型经济的行动计划》，2014 年 7 月 主要政策： 1. 人才建设：筹资 10 亿元引进领军型人才、海内外高层次人才来南京创业和培育创新团队。 2. 其他方面：出台了 20 条具体的扶持政策，积极鼓励支持科技创新。

续表

城市	主要政策及相关文件
苏州	相关文件： 1.《关于全力打造苏南国家自主创新示范核心区的意见》，2015 年 3 月； 2.《市政府印发关于实施姑苏科技创业天使计划的通知》，2015 年 4 月。 主要政策： 1. 产业引领：强化苏州工业园区引领作用；实现苏州高新区突破发展；推进昆山高新区特色发展；推动辐射带动区域创新发展；全面提升企业技术创新能力；不断壮大创新型企业群体；加快培育新型产业集群；大力发展科技服务业：重点建设国家技术转移苏南中心；推进全方位产学研合作；构筑国际化开放创新高地等。 2. 创业支持：提升科技企业孵化器建设水平；建立社会化工作机制；组建创业导师队伍。
杭州	相关文件： 1.《关于扶持我市十大产业科技创新的实施意见》，2011 年 10 月； 2.《关于杭州市 2013 年支持浙商创新创业促进杭州发展工作的意见》，2013 年 3 月。 主要政策： 1. 制度完善：进一步加大全社会科技投入；进一步完善创新产品应用示范机制；进一步强化企业主体作用；进一步健全知识产权工作机制。 2. 浙商发展：支持浙商创业创新工作要坚持创新驱动，项目带动和内外联动，计划浙商回归引进项目资金每年增长 10%以上；继续强化"两区十园"建设，充分发挥平台的主战场作用，鼓励和引导浙商集聚发展；投资环境的提升。

（"长三角"创新圈）

续表

城市		主要政策及相关文件
"京津冀"创新圈	北京	相关文件： 1.《北京高校大学生就业创业项目管理办法》，2015 年 7 月； 2.《北京市关于大力推进大众创业万众创新的实施意见》，2015 年 10 月； 3.《支持北京创新发展的 20 项出入境政策措施》，2016 年 1 月。 主要政策： 1. 人才建设：鼓励大学生创新创业，开展高校创新示范中心；引进外籍高层次人才，着重解决制约吸引和聚集各类外籍人才的政策"瓶颈"，并在中关村国家自主创新示范区先行先试。 2. 区域协同：打造"京津冀"协同创新共同体。 3. 其他方面：强化自主创新，加快全面创新，聚焦高端创新，推进协同创新，争取在 2017 年，成为全国高端创新创业的核心区和研发源地，2020 年，成为具有全球影响力的创新创业地区。
	天津	相关文件：《关于发展众创空间推进大众创新创业的政策措施》，2015 年 5 月 主要政策： 1. 创业支持：加快构建建众创空间；支持建立众创服务平台；降低创新创业门槛；鼓励支持大学生创业；鼓励支持科技人员创业。 2. 制度完善：实施科技成果使用、处置和收益改革；加大财政资金支持引导力度；完善创业投融资服务；营造创新创业浓厚氛围；加强工作组织推动。

续表

	城市	主要政策及相关文件
"珠三角"创新圈	深圳	相关文件: 1. 《深圳经济特区科技创新促进条例 (2008)》; 2. 《关于努力建设国家自主创新示范区实现创新驱动发展的决定 (2012)》; 3. 《深圳市人民政府关于印发促进创客发展三年行动计划 (2015~2017年)》。 主要政策: 1. 制度完善: 抓紧制定实施促进科技创新的若干措施, 推动出台国家自主创新示范区条例。 2. 产业引领: 实施一批重大科技项目, 强化信息通讯、智能装备、节能环保、生物技术等重点创新领域的科技攻关; 大力发展信息、生物、航空航天、海洋经济等战略性新兴产业和未来产业, 做大做强创新型经济; 实施国家高新技术企业培育计划, 力争年底国家高新技术企业累计超过6000家。 3. 人才建设: 深入实施"孔雀计划", 加大专业型、实用型人才培养引进力度。 4. 创业支持: 建设创客空间, 拓展创客群体, 完善创客生态, 推广创客文化, 打造国际创客之城。
	广州	相关文件: 《广州市人民政府关于加快科技创新的若干政策意见》, 2015年 主要政策: 1. 制度完善: 落实省属企业普惠性财政补助政策, 实施科技创新券制度, 试行创新产品与服务定期约定政府购买制度; 完善企业研发机构建设补助政策; 建立支持科技创新成果产业化的投资补贴制度; 建立科技成果交易机制, 改革科研院所科技成果使用、处置和收益权; 完善高等学校, 科研院所科技成果转化个人奖励约定政策。 2. 创业支持: 鼓励个人和在校学生创业, 完善科技企业孵化器建设用地政策; 完善高层次和急需专业技术人才居住和购车保障政策。

续表

城市		主要政策及相关文件
"一带一路"沿线节点城市	武汉	相关文件:《关于加快建设国家创新型城市的意见（2014）》 主要政策： 1. 制度完善：深化科技体制改革，健全技术创新市场导向机制，大力提高科技成果的本地转化率。 2. 人才建设：优化"青桐计划"大学生创业特区等政策，进一步强化创新激励机制，推动科技人员更自由创新创业，打造国际人才自由港，建设海外人才离岸创业基地。 3. 服务创新：重构政府服务体系，整合优化组织流程。 4. 资本支持：2016年出台《武汉城市圈科技金融改革专项方案》，成为国内首个科技金融改革创新试验区，大力推进科技金融改革创新，大力发展多层次资本市场。 5. 产业引领：重点围绕高端装备制造、生物医药等战略性新兴产业，不断优化区域布局，形成各具特色、优势互补、结构合理的战略性新兴产业集群，集中资源支持光电子信息、生物健康和智能制造三个重点产业。
	成都	相关文件: 1. 《关于实施创新驱动发展战略加快创新型城市建设的意见（2013）》； 2. 《四川省人民政府关于全面推进大众创业、万众创新的意见（2015）》。 主要政策： 1. 人才建设：推进大学生创新创业俱乐部和创新创业园建设，实施"四川青年创业促进计划"，推动青年大学生创新创业；大力开展群众性创新创业活动，扶持草根能人创业创新。 2. 创业支持：构建一批低成本、便利化、全要素、开放式众创空间；营造创新创业市场环境，深化商事制度改革；优化公共服务，强化财政资金引导，完善创业投融资机制，进一步支持科技型中小微企业的发展。 3. 制度完善：初步形成"1+2+N"的科技政策支撑体系，进而加强创新发展顶层设计，推进科技体制机制改革创新，推动创新战略落地成为创新生产力。

续表

城市	主要政策及相关文件
"一带一路"沿线节点城市 重庆	相关文件:《深化体制机制改革加快实施创新驱动发展战略行动计划（2015~2020年）》 主要政策: 1. 产业引领:大力提升企业技术研发创新水平;加快完善技术创新服务体系,加强创新成果与产业应用对接,为企业和社会提供多层面研发创新,技术验证及产业化服务。 2. 创业支持:推动大众创业万众创新,降低创新创业门槛,形成大众创业、万众创新的生动局面。 3. 制度完善:加快人才评价制度改革,完善成果评价管理体制,改革人才管理投入方式,改革政府科技投入方式,利用资本支持:构建有利于创新驱动的投融资体制机制,改革政府科技投入方式,设立多层次的投资基金,利用资本市场支持企业创新,强化金融对创新驱动的支撑作用。

资料来源:作者根据相关政策文件整理而得。

"一带一路"沿线节点城市在人才建设和鼓励大众创业方面的力度比较大。例如，武汉打造国际人才自由港，建设海外人才离岸创业基地，优化"青桐计划"大学生创业特区等政策；成都实施"千人计划"、留学人员回国创业启动支持计划，实施"四川青年创业促进计划"，推动青年大学生创新创业；重庆推动大众创业万众创新，着力降低创新创业门槛等。目前，这些地区的人力资本较"三大创新圈"有差距，政府的人才建设策略有助于这些地区吸引人才从而推动创新。

就上海而言，上海在人才建设和资本支持上有所侧重。上海一直以来注重引入高层次人才，且很多高层次人才也愿意流入上海；上海作为全球金融中心，资本市场发达，发挥多层次的资本市场的作用，支持创新创业是有效提高创新水平的途径之一。但是，上海建设创新型城市的一个短板是缺少具有"引擎"作用的创新型龙头企业，同时与北京和深圳相比，在中小科技型企业的集聚上也不具有明显优势。"大众创业、万众创新"的主体是创新型企业，创新型企业是直接面向市场需求端的主体，是创新活力最强的地方。上海建设全球科创中心，相对于北京、深圳而言，本土创新型企业较为缺乏。必需出台相关政策大力扶植创新型中小企业的发展，培育本土科技引擎企业。同时，上海可以借鉴"京津冀"的创新协同体，带头打造"长三角"地区的创新协同体，这将有利于促进"长三角"地区每个城市发挥各自优势，协同发展。

从创新政策的实施力度来看，上海和北京建设成为具有全球影响力的科技创新中心是国家重要的发展战略，作为中国的两个"龙头"城市，上海与北京的科创发展，直接关系到中国在全球创新网络体系中的地位和影响力。因此，上海和北京的创新政策应该是规格更高、实施力度更大的。不过，与北京、上海相比，广州、深圳等城市虽然只是定位于建设成为国家级的科技创新中心，但是这些城市的创新政策实施力度不容小觑。由中国人民大学调查与数据中心、前海国际资本管理学院和上海汇航商务咨询有限公司联合发布的《中国城市创业指数（2015）》对国内主要城市的创业政策环境进行了评估，其政策环境指数主要体现该城市的政府对于创业者所提供的一些创业优惠政策，体现一个城市的政府部门、相关部门对创业的态度和政策落实的力度。《中国城市创业指数（2015）》显示，广州、深圳等"珠三角"大城市以及浙江的宁波、杭州等都是创业政策落实得最好、政策最灵活的城市。因此，对于上海来说，从国家战略的高度出发，推动政府施政理念、管理体制和管理方式的创新，真正使政策落地，将政策用活，不断完善上海的创新创业环境，营造充满活力、宽容失败、鼓励竞争的创新创业社会氛围，对上海建设全球科创中心和全球城市具有重要意义。

（三）创新的资本环境

科技创新始于技术，成于资本。科技创新创业的风险特征不同于成熟性产业经济行为，必须高度依赖资本市场的发展，靠自身积累和银行贷款往往是不现实的，因此，加快健全适应创新创业的多层次资本市场体系，提供全面、系统的投融资服务，就显得至关重要。只有形成了比较完备的资本投资机制以及相配套的中介服务体系，才有可能加速科技成果向现实生产力的转化，推动科技创新创业企业从无到有、从小到大。

资本市场直接为创新创业提供资金支持，很多初创企业在创业初期都面临着资金问题，这些初创企业去银行贷款很难，这时金融资本市场就可以发挥其重要的作用。实际上，近年来随着天使投资、风险投资的活跃增加了初创企业的存活率。无论多大的企业都是从小企业一步步发展而来的，这些初创的中小企业是未来大企业的雏形，这些企业往往比大企业更具有创新精神，否则这些初创企业就会被淘汰。一些研究表明，大企业一般很少从事创新活动，而是通过收购、兼并中小企业来维持自己的市场地位，而不是直接从事创新。

表 6.8　　　2014 年中国创投市场不同地域的投资规模 TOP10

地区	案例数量	融资金额（US￥M）	平均单笔融资金额（US￥M）
北京	639	6972.95	10.91
广东	187	1613.7	8.63
上海	235	1546.46	6.58
浙江	67	1095.74	16.35
江苏	55	431.45	7.84
安徽	12	141.93	11.83
福建	17	137.53	8.09
四川	26	126.86	4.88
湖北	19	100.25	5.28
天津	11	75.07	6.82

资料来源：投资中国网站. www. ChinaVenture. com. cn。

2014 年，北京创投融资规模 69.72 亿美元，位列全国第一；私募股权投资，北京也以 74 起案例和 160 亿美元融资金额居首位。中国股权投资基金协会公布的 2014 年中国创业投资机构 10 强中，9 家总部或者分公司办事处设在北京。2014 年，中国私募股权机构 10 强，9 家在北京设有分公司或办事处。

表 6.9　　　2014 年中国私募股权市场不同地域的投资规模 TOP10

地区	案例数量	融资金额（UM￥M）	平均单笔融资金额　（US￥M）
北京	74	15979.47	215.94
上海	37	1970.5	53.26
广东	35	1525.46	43.58
江苏	20	1261.24	63.06
福建	6	1082.64	180.44
浙江	17	841.59	49.51
山东	9	715.03	79.45
四川	9	248.91	27.66
安徽	6	239.59	39.93

资料来源：投资中国网站. www. ChinaVenture. com. cn。

2014 中国创投机构 10 强中，6 家总部或者分公司设于深圳；10 强私募股权机构中，虽然只有 1 家在深圳设有办事处，不过大多数机构都投资过深圳的创新创业项目。表 6.8 给出了 2014 年中国创投市场不同地域的投资规模 TOP10。可以看出，无论是从案例数量、融资金额、平均单笔融资金额的角度，北京的创投市场投资规模都远远大于上海。

表 6.9 给出了 2014 年中国私募股权市场不同地域的投资规模 TOP10，可以看出与创投市场类似，上海的私募股权市场的投资规模也是远远小于北京的。从私募股权市场和创投市场来说，北京的资本市场发展远远超越上海，这些资本市场直接为创新创业提供资金支持。上海要想建设全球科技创新中心，资本市场的发展是不容忽视的。

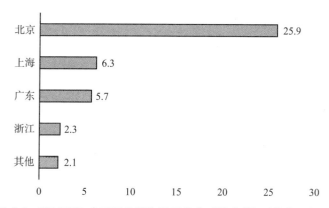

图 6.3 2014YTD 中国天使投资地区分布（按金额）（单位：亿元）

资料来源：投资中国网站．www. ChinaVenture. com. cn。

图 6.3 给出了 2014 年前 11 个月按金额中国天使投资地区分布，图 6.4 给出了 2014 年前 11 个月按数量中国天使投资地区分布。可以看出，无论是从金额还是数量的角度，北京的天使投资都远远高于其他城市，甚至都超过了整个天使投资的一半以上，北京

是上海的将近 4 倍。

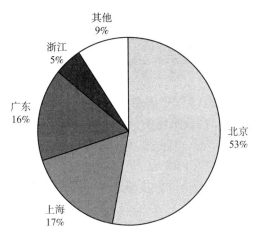

图 6.4　2014YTD 中国天使投资地区分布（按数量）

资料来源：投资中国网站 . www. ChinaVenture. com. cn。

从以上创投市场、私募股权市场和天使投资市场的数据来看，北京进行科技创新的资本市场环境得天独厚，在这一点上，上海建设全球科技创新中心与北京建设科技创新中心相比，北京的竞争优势最明显。

二、创新要素比较

（一）创新人才与 R&D 投入

人才是科技创新的核心，企业是科技创新的载体。人才在科技创新、产业转型等方面起引领作用，城市科技创新能力的竞合归根到底是人才的竞合，一个城市占据着人才高地，必然将发展成为全球城市。图 6.5 给出了重点城市工程师创新指数。

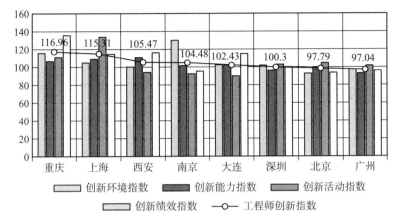

图 6.5 重点城市工程师创新指数

资料来源：工业和信息产业部电子科学技术情报研究所联合发布的《2015 中国工程师创新指数研究报告》。

在这个被誉为中国"创业创新最好的时代"，工程师们是不可或缺的关键角色。工程师的创新行为，不仅是企业基业长青的核心要素，也是一个国家走向世界的重要基础。图 6.5 显示，2015 年重点城市工程师创新指数来看，重庆的工程师综合创新指数最高，上海排名第二，而深圳和北京相对较低。上海的创新活动指数最高，重庆的创新绩效指数最高，南京的创新环境最高，这对上海来说既要充分发挥工程师对提高城市科技创新能力的优势，而同时又要加强创新绩效、创新环境、创新能力建设。

图 6.6（a）、图 6.6（b）分别给出了 2008～2013 年中国直辖市规模以上工业企业 R&D 人员全时当量和 R&D 经费投入。从规模以上工业企业 R&D 人员全时当量可以看出，上海的近年来一直都远远高于其他几个直辖市。然而，通过前面的城市创新力排名可以知道，上海的创新能力并不是最高的，城市创新能力的度量不仅反映了科技创新的投入，也反映了创新力转换成生产力的能力和科技创新的产出能力。上海的创新投入很高的情况下，创新力却不高，这说明上海的创新产出低于创新投入应该达到的产出水平。或者

说，上海虽然有很高的创新投入水平，但是，这种创新力转换成实际生产力的水平比较低。与此同时，可以发现北京的规模以上工业企业 R&D 人员全时当量还不如天津高，但是却有很高的创新力。

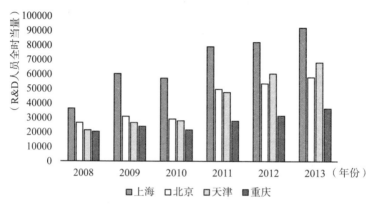

图 6.6（a）　2008～2013 年中国直辖市规模以上工业

企业 R&D 人员全时当量（单位：人／年）

资料来源：各城市统计年鉴。

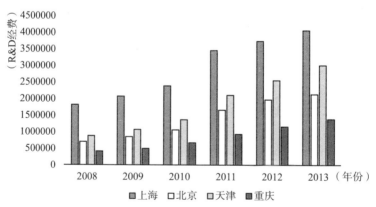

图 6.6（b）　2008～2013 年中国直辖市规模以上

工业企业 R&D 经费（单位：万元）

资料来源：各城市统计年鉴。

直辖市规模以上工业企业 R&D 人员全时当量投入相似，中国四个直辖市的规模以上工业企业 R&D 经费也是上海远远高于其他几个直辖市。这反映着同样的问题，上海市有最高的科研经费投入，但城市创新力的水平却比较低。而形成鲜明对比的是北京，虽然科研经费投入远远低于上海（并且低于天津），但是城市创新力却很高，这是上海需要反思的地方。

（二）创新型企业

企业的自主创新能力是城市创新能力提升和全球城市建设的基础，在全球城市建设的过程中要给予企业提升自主创新能力的政策环境。

根据《财富》（中文版）发布的 2015 年中国企业 500 强排行榜，中国企业 500 强中制造企业占比和利润占比下降。随着"工业 4.0"、《中国制造 2025》战略的提出，传统的制造业必须经过科技转型才能在经济全球化的"世界工厂"上占有竞争优势。世界 500 强企业排名中国的科技型企业占比非常少，然而近两年来中国企业 500 强中的科技型企业逐渐增加，城市科技创新的载体就是这些科技型企业，城市拥有了这些科技型企业也就拥有了创新力。以中国互联网公司三巨头 BAT（百度、阿里巴巴集团、腾讯）来说，百度公司在北京，阿里巴巴在杭州，腾讯在深圳，上海却没有这样的本土型科技引擎企业。

科技型企业数量反映着城市创新力转换成实际生产力的结果，也反映着城市创新力的强弱，这些企业的高度决定了城市的高度。当一个城市的创新型企业逐渐增多，它就慢慢形成集聚效应，使得创新资源流向该城市，从而进一步提升该城市的创新力，直到发展为与周围城市形成巨大的差距。实际上，这方面做得最好的就是深圳，在深圳，高新科技企业逾 3 万家，其中，千亿级 3 家，百亿级 17 家，超亿元的 1000 余家，国家级高新技术企业 4700 多家，拥有华为、中兴、腾讯、光启、三诺、大疆等世界级的顶尖科技创新企业，在中国是没有城市与其相媲美的。深圳科技创新领域的发展和突破值得每个城市学习，上海也不例外，无论是创新型企业还是城市创新力，北京和深圳都跑到了前面。

　　除了大型科技引擎企业外，一个城市的创新活力更多地依赖于中小科技型企业，中小型企业的创新具有颠覆式特征。根据长尾理论，中小型企业的边缘式创新是市场结构重塑的重要力量。不止在边缘创新方面，在创造大量就业机会、强化市场竞争活力等方面，中小企业也发挥着大中型企业无法替代的作用。正因如此，全球有影响力的科创中心，毫无例外地都把支持中小企业创新，支持年轻人创业摆在十分重要的位置。由于历史原因，上海经济以实力强大的国有经济和外资经济为主体，现行产业结构所决定的资本市场供给结构主要以服务大中型企业为主，这样的金融结构并不利于创新型中小企业的发展，使本来就狭小的创新型中小企业发展空间进一步被压缩。创业板和中小板企业数量的多寡从侧面反映了这一事实。图 6.7 给出了中国主要城市创业板和中小企业板上市企业数量的情况。上海在创业板和中小板上市的企业只有 63 家，而北京和深圳相当于上海的两倍，分别是 123 家和 125 家，杭州有 44 家，紧随上海之后。

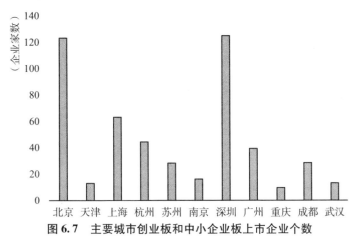

图 6.7　主要城市创业板和中小企业板上市企业个数

资料来源：Wind 数据库，截至 2015 年 10 月 1 日，不包括 ST 股。

第三节 科创维度视角下国内其他主要城市的
发展对上海建设全球城市的启示

一、与国内其他城市相比上海建设"全球科创中心"的竞争优势

与其他城市相比，上海建设"全球科创中心"具有一些特定的优势，主要体现在以下几个方面：

（一）有效的政策保障

上海为建设全球科技创新中心提出许多政策支持。

2015 年 5 月，上海市发布《关于加快建设具有全球影响力的科技创新中心的意见》，指出上海建设全球科创中心分两步走，第一步是 2020 年前形成科技创新中心基本框架体系；第二步到 2030 年，要形成科技创新中心城市的核心功能。可以看出，上海建设全球科技创新中心已经有了明确的发展目标和发展步骤。

上海市建设全球科创中心，就要在相关领域改革创新。上海提出建立市场导向的创新型体制机制，这主要有推进政府管理创新、改革财政科技资金管理、深化科研院所分类改革、健全鼓励企业主体创新投入的制度、完善科技成果转移转化机制。

同时，上海在人才战略方面也给予同步的政策支持。科技创新人才是核心，上海提出建设创新创业人才高地，这主要有进一步引进海外高层次人才、充分发挥户籍政策在国内人才引进集聚中的激励和导向作用、创新人才培养和评价机制、拓展科研人员双向流动机制、加大创新创业人才激励力度、推进中国（上海）自由贸易试验区和张江国家自主创新示范区联动建设人才改革试验区。

（二）丰富的科技资源

上海市与全国主要城市相比，拥有优越的科技资源，上海在全国城市中高校和科研院所的数量仅次于北京。全市从事科技活动的人员超过 20 万人，中国科学院、中国工程院院士 165 位，占全国总数的 11%，高新技术企业 5400 多家。上海市拥有众多的科技创新基础资源，为上海市科技创新力的提升提供了有效保障，但是，只有把这些资源充分利用，发挥资源的作用才能提升上海的科技创新力。

（三）强大的科研投入

2014 年，上海 R&D 人员 32972 人，R&D 经费支出 232.23 亿元，R&D 项目 8401 项。外资企业在上海设立研发中心的有 300 多家，其中，世界 500 强企业设立的研发机构有 120 多家，分别占全国总数的 1/4 和 1/3。

上海虽然拥有较大科研投入水平，但是，与深圳相比还有非常大的差距，这也直接解释了深圳具有较高的科技创新力的原因。2013 年，深圳企业科技活动人员 239894 人，R&D 人员 172522 人，R&D 经费支出 505.82 亿元，科技活动项目 14369 项。对比上海 2014 年与深圳 2013 年的科研数据可知，上海的科研投入水平虽然很高，但是与深圳相比却远远落后了。上海要想提高科技创新力就必须有更大的科研投入，既要增加科研人员又要增加科研经费，这样才能为提高科技创新力提供投入保障。

（四）"四个中心"建设的重要支撑

"四个中心"立足于把上海建设成在全球城市网络体系中具有重要功能的城市，一旦"四个中心"全面建成，上海将会成为全球城市网络体系中的重要节点城市，上海将发挥全球城市中重要的枢纽协调功能和更高的全球服务水平，届时上海的经济、金融、贸易、航运的发展将达到全球领先水平，这将为上海建设全球科技创新中心提供重要的物质基础和技术支撑。

二、与国内其他城市相比，上海建设"全球科创中心"的竞争劣势

科创维度下，上海与国内其他主要城市相比具有一定优势，同时也存在着劣势，这主要体现在以下几方面：

（一）创新型企业数量不足

上海的科技创新型企业，主要是政府主导型的，主要依托于国家的相关战略。而北京和深圳的科技创新型企业，主要是市场主导型的，以市场需求为导向。即政府主导型的科技创新与市场主导型的科技创新的推动力不同，从而导致对城市科技创新能力的影响不同。

上海的民营企业和中小型企业自主创新能力不足，近几年上海的民营企业和科技活动增速缓慢，而深圳仍然保持相当稳定的高水平。民营企业和中小型企业对城市创新能力的提升起着重要的作用，几乎所有的大型企业都是从中小型企业成长而来的，这些现在看起来不起眼的中小型企业在未来几年甚至几十年可能会发展成为行业的领军企业。科技创新的核心是人才，企业是企业家的企业，创新型企业家才是科技创新的主导力量。

（二）创新型人才的作用不明显

创新型人才发挥其创新力，一方面，需要为创新型人才提供一定的创新条件；另一方面，需要吸引和留住创新型人才。

上海拥有非常多的高校和研究所资源，每年有较多的大学在校生和毕业生人数。一个城市要想提高科技创新能力必须加大对科技创新型人才的培养和支持，上海虽然有众多的高校，但是这些高校

培养的科技创新型人才却没有明显的优势，或者是这些科技创新型人才的创新潜力得不到充分发挥，这就需要为科技创新型人才提供好的创新创业环境，一旦形成创新创业集聚地就会产生规模效应。因此，上海对科技创新型人才的创新创业的支持，还需要进一步加强。

（三）创新产出与创新投入不成正比

上海拥有强大的创新投入，但是创新产出却远远低于创新投入。这主要归因于以下两个方面：一方面，这种创新产出与创新投入的脱节直接导致上海较低的技术产业化能力，这种较弱的技术产业化能力又反过来限制了创新产出。主要年份的技术产业化能力已由表 6.5 给出，在 2014 年上海的技术产业化排名是第一的，上海既有较高的创新投入，又有较高的创新产出，然而近年来上海的创新产出却落后于创新投入。

另一方面，上海虽然拥有众多的跨国公司研发机构，但是这些跨国企业的核心研发中心还是在国外，上海只是这些跨国公司研发中心创新链的一环，而不具有核心自主创新能力。所以，上海与国内其他城市相比虽然拥有很多跨国公司研发机构，但是这些机构对上海的创新能力提升的影响效果不太明显。

三、国内其他主要城市的发展对上海建设全球城市的影响：科创维度的视角

在国内城市中，北京和深圳成为一南一北，两个最有特点的创新型城市，也形成了两类创新企业的成功模式。北京具有"技术驱动型"的城市创新特征。由于高校和科研院所众多，技术创新的资源丰富，这种丰富资源又吸引风投企业的集聚，这给创新成果的产业转化提供了良好的金融条件，因而创新企业的成功率相对较高。而对于深圳而言，具有"成本驱动型"的城市创新特征。深圳是国

内典型的移民城市，人才的进入门槛相对较低，而资本市场则具有服务于中小企业和创业企业的定位，对创新型企业而言，企业的创新成本相对较低，创新企业的发展条件较好，从而吸引了大量创新企业的集聚。

两个典型的成功模式推动了北京和深圳领先于国内其他城市，成为国内创新要素的集聚地，而这种集聚产生了"虹吸效应"，促使国内的创新要素向两地集聚，形成了自加速的正反馈过程，其具体表现为：创新企业的扎堆吸引了创新型人才的集聚，从而形成专业化的技术人才市场，保证了创新企业发展所需要的专业人力资源的支持；而投资创新项目的金融资本由于存在更多的投资机会也向创新企业集聚地集中，进而又降低了创新企业获得融资的难度和成本，反过来对创新型企业形成更大的吸引力。创业企业、创新人才和创新资本向北京、深圳两个创新城市的流动，分流上海建设科创中心的总量资源，对上海形成了现实的挑战。

相对而言，上海的科技资源并不落后于北京，但主要服务于国家的技术创新需求，如卫星、大飞机等国家项目，民用的、面向市场需求的技术资源相对较弱；而另一方面，不同于深圳，上海的资本市场定位于主板市场，主要服务于大型企业的融资需求，这造成了上海的技术产业化能力不强，同时金融对中小型创新企业的扶持力度不大。此外，上海虽然拥有众多的跨国公司研发机构，但是这些跨国企业的核心研发中心还是在国外，上海只是这些跨国公司的研发中心创新链的一环，而不具有核心自主创新能力。

缺少科技引擎企业是上海建设全球科技创新中心的最大"短板"，上海要培育自己的创新引擎企业，不能只依赖国企和外企，更要倚重创新型中小企业。"大众创业、万众创新"的主体是中小企业，创新型中小企业是直接面向市场需求端的主体，是创新活力最强的地方，并且蕴含着重塑市场结构的颠覆式力量，是科技引擎企业的摇篮。相较于北京的百度、小米、乐视，深圳的腾讯、华为，杭州的阿里巴巴等，上海的"本土"科技引擎企业极为匮乏，一个重要的原因就是创新型中小企业的发展严重滞后。因此，上海要成为全球有影响力的科技创新中心，必须大力扶植创新型中小企业的发展，培育本土科技引擎企业。

　　大量的研究分析了中小企业对提升城市创新能力的重要性。部分学者提出，中小企业尤其是创新型中小企业以强烈的创新动机和灵活的经营机制逐渐成为一个地区创新体系建设和经济社会发展中最具创新活力的部分（刘德胜，2011；李智彬，2009；肖居孝，2007）。大中型企业的创新特点是延续性创新，这样的创新多集中在已经被证明了的市场，企业仅关注边际利润最诱人的产品项目，而"风险高、利润低、市场小"的市场长尾部分极易被忽略，因此，这一部分市场空白为中小企业留下了极大的想象空间，也成就了中小企业的创新特点——颠覆式创新（Clayton M. Christensen，1997）。根据长尾理论（Chris Anderson，2004），这些边缘创新也是市场结构重塑的重要力量。不止在边缘创新方面，在创造大量就业机会、强化市场竞争活力等方面，中小企业也发挥着大中型企业无法替代的作用。因此，上海要建设"全球科创中心"，必须大力推动中小型创新企业的发展。

参 考 文 献

北京市教育委员会、北京市财政局.《北京高校大学生就业创业项目管理办法》2015 年。

北京市人民政府.《北京市关于大力推进大众创业万众创新的实施意见》2015 年。

中共重庆市委、重庆市人民政府.《重庆市深化体制机制改革加快实施创新驱动发展战略行动计划（2015～2020 年)》2015 年。

工业和信息化部电子科学技术情报研究所.《中国工程师创新指数研究报告》2015 年。

公安部.《支持北京创新发展的 20 项出入境政策措施》2016 年。

广州市人民政府.《广州市人民政府关于加快科技创新的若干政策意见》

2015 年。

杭州市人民政府.《关于扶持我市十大产业科技创新的实施意见》2011 年。

杭州市支持浙商创业创新促进杭州发展工作领导小组办公室.《关于杭州市 2013 年支持浙商创业创新促进杭州发展工作的意见》2013 年。

上海市高级人民法院.《服务保障上海建设具有全球影响力的科技创新中心的意见》2015 年。

上海市人民政府.《上海市推进"互联网+"行动实施意见》2016 年。

深圳市人民代表大会常务委员会.《深圳经济特区科技创新促进条例》2008 年。

深圳市人民政府.《深圳市人民政府关于印发促进创客发展三年行动计划(2015~2017 年)》2015 年。

四川省人民政府.《四川省人民政府关于全面推进大众创业、万众创新的意见》2015 年。

苏州市人民政府.《市政府印发关于实施姑苏科技创业天使计划的意见的通知》2015 年。

天津市人民政府.《关于发展众创空间推进大众创新创业的政策措施》2015 年。

中共上海市委、上海市人民政府.《关于深化人才工作体制机制改革促进人才创新创业的实施意见》2015 年。

中国共产党南京市委员会、南京市人民政府.《南京市推进科技创新推动产业转型发展创新型经济的行动计划》2014 年。

中共苏州市委、苏州市人民政府.《关于全力打造苏南国家自主创新示范区核心区的意见》2015 年。

中共武汉市委、武汉市人民政府.《关于加快建设国家创新型城市的意见》2014 年。

中共成都市委、成都市人民政府.《关于实施创新驱动发展战略加快创新型城市建设的意见》2013 年。

中共上海市委、上海市人民政府.《关于加快建设具有全球影响力的科技创新中心的意见》2015 年。

中共深圳市委、深圳市人民政府.《关于努力建设国家自主创新示范区实现创新驱动发展的决定》2012 年。

周天勇,旷建伟.《中国城市创新报告》2011~2014 年。

第七章

顺应纵横捭阖的城市竞合关系，加快推进上海建设全球城市的策略选择

第一节 厘清城市"竞合关系"促进上海全球城市建设

一、利用"战略协同"关系，在全球城市建设中带动区域核心城市的协同发展

作为上海的腹地城市，杭州和苏州在与上海的产业协同发展上扮演着重要角色。苏州先进制造业发达，为上海先进生产性服务业的发展提供了动力；杭州互联网信息经济发展迅速，是中国首个跨境电子商务中心试点，致力于建设国际跨境电子商务中心，这将为上海国际贸易中心发展提供新的机遇。而受"一带一路"和"长江经济带"战略的影响，重庆、成都、武汉等城市将迎来跨越式发展。一方面，它们将通过陆上通道，成为中国联通欧亚贸易的新门

户；另一方面，随着内陆城市的不断开放，它们也将成为中国吸引外资的新高地。

对于上海来说，这将是实现经济结构转型升级的重要机遇，一方面，腹地城市发展有利于上海产业结构的不断调整升级，加快部分成本不断升高的传统制造业向内地转移，腾出空间大力发展先进生产性服务业和高端制造业；另一方面，在贸易融通和利用外资方面，这些内陆开放型经济高地的崛起，将会促进上海引资结构的不断优化和现代贸易中心功能的进一步提升。因此，促进上海与腹地核心城市发展的协同性，有利于为上海全球城市建设提供一个坚实的区域支撑。

同时，绿色发展和可持续发展，已经成为全球城市未来的核心发展理念。随着上海与"长三角"城市群以及长江经济带内其他主要城市的战略协同关系不断加深，加强长江经济带沿线三大城市群的协同发展，促进资源在更大空间内的优化配置和生态环境的综合治理，有助于进一步提高上海的可持续发展能力。

二、立足"战略互补"关系，在全球城市建设中谋求合作共赢

不同于上海与区域核心城市的战略协同关系，上海与北京、深圳的战略互补关系是一种更高层级的合作，对于进一步发挥上海建设全球城市的主体优势，强化上海作为全球城市的核心功能具有重要意义。

上海与北京的战略互补性主要体现在金融中心的建设上，与北京相比，上海的比较优势在于拥有规模巨大和相对完善的金融市场体系，金融市场的开放性和国际化程度较高。而北京金融机构总部云集，金融服务业实力雄厚，一直以来都是中国的金融监管和决策中心，随着亚投行总部落户北京，北京在全球金融领域的影响力和话语权得到进一步提高。未来，上海与北京有望形成"全球金融要素配置枢纽和全球金融机构决策枢纽"的互动格局，共同提升在全

球金融网络体系中的地位，促进上海全球金融中心建设。

上海与深圳的战略互补性主要体现在科创中心的建设上，与深圳相比，上海的比较优势在于拥有较为全面的创新资源、具有城市群的产业依托、具有与国际创新资源的融合基础。但是，深圳民营经济发达、市场活跃，拥有良好的创新创业环境，有利于发挥中小创新型企业的创新主体作用；同时，深圳也具有支持创新创业的成本优势，从而吸引了一大批草根人才和青年创业者。未来，上海与深圳可以发挥自身优势，探索不同的科创中心建设模式，共同提升在全球创新网络体系中的地位，促进上海全球科创中心与国际化大都市的有效融合。

三、协调"战略趋同"关系，认清上海建设全球城市的外部制约因素

战略协同关系和战略互补关系，突出了上海与国内其他城市的合作性关系，但是，不同城市间也存在着广泛的竞争性关系，主要体现为上海与北京、深圳等城市的战略趋同关系。在一定程度上，这一战略趋同关系构成了上海建设全球城市重要的外部制约因素。

上海与北京的战略趋同性，主要体现在科创中心的建设上。目前，上海、北京都提出了建设全球科技创新中心的发展目标。但是，与北京相比，上海对创新要素的配置能力尚不具有竞争优势。一方面，上海缺乏本土科技型"引擎"企业。以互联网行业为例，在 2015 年中国互联网前十强企业中，北京占据 6 席，其中，不乏百度、京东、奇虎 360 等互联网巨头企业，而上海仅有携程一家入围前 10。而从前 100 强互联网企业的业务收入规模来看，北京大约是上海的 9 倍。[①] 另一方面，在创新人才和创新资本的吸引上，上海也不具有竞争优势。目前，北京已经成为国内高端科技人才和创新创业人才积聚的高地，仅北京中关村就集聚了 21% 的国家"千

---

① 2015 年中国互联网企业 100 强评价报告 [R]. 中国互联网协会，2015.07

人计划"人才。[①] 此外，从 2014 年创投融资、私募股权投资、天使投资等支持中小企业创新创业的资本投入分布来看，上海也远远落后于北京。[②] 上海虽然集中了 1/4 的跨国公司在华研发机构，但是上海缺乏本土科技型"引擎"企业，在对创新人才和创新资本的吸引上也不占优势地位，弱化了上海对国内创新要素的配置能力，这将成为上海建设全球科技创新中心的重要制约因素。

上海与深圳的战略趋同关系，主要体现在金融中心的建设上。目前，上海和深圳都明确提出了国际金融中心的发展目标，上海"十三五"发展规划纲要中更是明确强调，要在国际金融中心的基础上，进入全球金融中心的前列。但是，上海与深圳在金融中心建设的多个领域存在明显竞争。例如，上海建设成全球金融中心的一个核心任务是成为全球人民币产品市场中心，实现人民币在岸市场和离岸市场的联动发展。而深圳、香港共建国际金融中心的一个重要目标即充分发挥香港作为全球人民币离岸交易中心的优势，把深圳打造成为人民币在岸交易中心。目前，香港特别行政区在全球金融网络体系中的位置要优于上海，深圳市与香港特别行政区的全面合作对于上海建设全球金融中心会带来一定挑战。

第二节　加快推进上海建设全球城市的策略选择

一、发挥自身优势，进一步强化上海与国内其他龙头城市间的战略互补关系

作为国内三大都市圈的"龙头"城市，上海与北京、深圳和广

---

①　国家"千人计划"创业人才和青年人才名单公示［EB/OL］. 千人计划网，2015. 12. 31，http：//www. 1000plan. org/.

②　陈荣，李庭煊. 创新创业去哪儿? 北京 VS 深圳［EB/OL］. 瞭望智库，2015. 07. 02，http：//www. lwinst. com/index. php? m＝content&c＝index&a＝show&catid＝17&id＝9311.

州之间存在着极强的战略互补性，这种战略互补关系为上海与北京、深圳和广州之间的错位发展、合作共赢奠定了基础。例如，在金融领域，北京一直以来都是中国的金融监管和决策中心，新成立的亚投行总部也位于北京，可以说北京是中国金融的决策枢纽。对比北京，上海则可以充分利用自身金融发展历史悠久、高校科研机构密集、国际化程度高、金融市场相对完善、身处改革前沿的巨大优势，抓住上海自贸区和人民币国际化的历史机遇，与北京错位发展，打造亚投行的"智库中心"和未来"人民币全球交易中心"，同时也可以在现代金融体制的先行先试上走在改革的前列。总之，上海要充分发挥自身优势，不断挖掘和强化上海与国内其他龙头城市间的战略互补关系，错位发展，合作共赢。

二、把握全球城市的发展趋势，明确上海主要短板对症下药，妥善应对上海与国内其他龙头城市的战略趋同关系

随着技术革命的深入演进，创新驱动日益成为一个国家、一座城市发展的重要动力。一座全球城市一定是全球的科技创新中心，全球创新网络中的节点城市。对比北京和深圳，上海在科技创新中心的建设上，还存在许多不足，尤其是在促进创新型中小企业的发展上差距明显。对于上海而言，一方面，要进一步完善相关制度建设，吸引创新人才，留住创新人才，降低创新创业的成本，尤其是要营造一种吸引"草根人才"和培育"企业家精神"的文化氛围；另一方面，要进一步发挥资本市场对中小企业创新的支持作用。2015年，上海相继推出了"战略新兴版"和"科创版"，在资本市场上为支持中小企业发展向前迈进了一步，但是上海在建设科技创新中心的道路上仍然任重道远。

同时在国际金融中心的建设上，上海要顺应产业转型升级趋势，推动先进制造业和生产性服务业成为产业结构中的支柱，以先进产业带动跨国金融机构的集聚；抓住"上海自由贸易试验区"金

融试验田的政策优势，积极探索具有包容性、竞争性并与国际接轨的现代金融体制，为国际金融机构进驻创造更好的软环境；加大力度推进国际空港建设，完善机场快速交通网络体系，加强两个机场之间的联动，提升高端国际金融资源流动的效率。

三、紧抓国内产业升级和区域发展战略的重大机遇，着力推进上海与区域核心城市的战略协同关系

随着国内产业升级战略和区域发展战略的不断推进，国内的区域核心城市竞争力日益提升。上海应抓住战略机遇，处理好与腹地核心城市的协同发展关系。一方面，上海应加快产业结构的转型升级，着力推动先进制造业和先进生产性服务业成为支柱产业，大力发展现代综合性服务业；另一方面，上海作为区域龙头城市要发挥好中心城市的集聚、辐射和扩散效应，尤其是在金融、航运、投资贸易等领域与腹地核心城市实现协同发展。同时，上海对标全球，要在区域战略性资源整合、行业标准制定、产业价值链升级等方面扮演好"领导者"和"先行者"的角色。

四、立足区域发展，以"长三角"世界级都市圈作为上海全球城市建设的重要依托

随着全球化进程的不断推进，全球城市发展呈现出一个重要特征：即全球城市的崛起与该城市所在的区域发展密不可分，未来全球城市的建设将是内生于全球城市区域之中的。纵观纽约、伦敦、东京等全球城市的发展历程，其背后莫不有一个世界级城市群作为支撑。例如，纽约依托于美国大西洋沿岸城市群，伦敦依托于英国东南部城市群，东京依托于日本太平洋南岸城市群。上海在全球城市的建设过程中要充分考虑"长三角"都市圈的整体发展，以及"长三角"都市圈与国内其他主要都市圈之间的竞合关系，以"长三角"世界级都市圈作为上海全球城市建设的重要依托。

图书在版编目（CIP）数据

城市发展、城市竞合与上海全球城市建设/刘江会，
朱敏著. —北京：经济科学出版社，2016.5
ISBN 978 - 7 - 5141 - 6954 - 6

Ⅰ.①城⋯ Ⅱ.①刘⋯②朱⋯ Ⅲ.①城市建设 -
研究 - 上海市 Ⅳ.①F299.275.1

中国版本图书馆 CIP 数据核字（2016）第 114545 号

责任编辑：王柳松
责任校对：王苗苗
版式设计：齐　杰
责任印制：邱　天

城市发展、城市竞合与上海全球城市建设
刘江会　朱　敏　著
经济科学出版社出版、发行　新华书店经销
社址：北京市海淀区阜成路甲 28 号　邮编：100142
总编部电话：010 - 88191217　发行部电话：010 - 88191522
网址：www. esp. com. cn
电子邮件：esp@ esp. com. cn
天猫网店：经济科学出版社旗舰店
网址：http://jjkxcbs. tmall. com
北京万友印刷有限公司印装
880 × 1230　32 开　8.125 印张　250000 字
2016 年 5 月第 1 版　2016 年 5 月第 1 次印刷
印数：0001—1500 册
ISBN 978 - 7 - 5141 - 6954 - 6　定价：32.00 元
（图书出现印装问题，本社负责调换。电话：010 - 88191502）
（版权所有　侵权必究　举报电话：010 - 88191586
电子邮箱：dbts@esp. com. cn）